CÓMO EMPEZAR UN NEGOCIO DESDE CERO

Mis 12 Secretos Para Emprender Tu

Propio Negocio Sin Dinero

JAIRO GARCÍA

MISIÓN

www.EditorialMision.com

I

PUBLICADO POR EDITORIAL MISIÓN

ISBN 978-1-958677-04-9

CEO – Alfonso Inclán
Coordinador - Ricardo Talavera
Edición – Natali González

MISIÓN

Editorial Misión publica libros simples y útiles para emprendedores, coaches, conferencistas, profesionistas, etc., con la intención de impulsarlos a transformar vidas con su mensaje. Nuestros libros son fáciles de crear y rápidos de leer, diseñados para solucionar un problema en específico. Editorial Misión ofrece un proceso sencillo para permitir que los emprendedores y dueños de negocios se beneficien de la autoridad que proviene de tener un libro, sin la molestia y el compromiso del tiempo normalmente asociado con definir, estructurar, escribir, corregir, editar, diseñar, publicar y promover su obra.

¿Tiene usted la idea de hacer un libro que transforme vidas?

Visite www.EditorialMision.com para más detalles.

A mis padres,

A mis maestros,

A todo aquel que algún día me dijo

NO puedes.

Jairo García

ÍNDICE

AGRADECIMIENTOS

Existen muchas personas a las cuales deseo agradecerles: a mi angelita Jaylin, quien me ve desde el cielo; a mi guerrera Mila Daylin; a mi familia; a mis amigos; a todos aquellos que me han brindado un consejo y se han involucrado directa o indirectamente en mi crecimiento personal y laboral; pero, sobre todo, mi mayor agradecimiento va dirigido a Dios, ya que gracias a Él soy lo que soy.

Jairo García

INTRODUCCIÓN

Mi nombre es Jairo García; soy un hombre sencillo, hijo de padres campesinos. Fui el séptimo de ocho hijos que tuvo mi madre. Crecí en una población llamada Los Limones, en el municipio de San Miguel Chimalapa del estado de Oaxaca; población de, aproximadamente, 300 habitantes; un lugar muy marginado donde solamente se ofrecía la educación básica de preescolar y primaria.

Hoy quiero empezar este libro con la historia que suelo compartir cuando doy mis conferencias. Desde pequeño, a la edad de seis años, mi madre me inculcó el amor y el gusto por las ventas; me pedía que saliera a vender totopos, queso, pan, etc. Los productos no eran de ella; los revendíamos. Lo único que sí elaboraba eran los totopos, que son unas tortillas grandes, tostadas, elaboradas de maíz.

A partir de los 11 años, cuando terminé la primaria, le dije a mi mamá que quería seguir estudiando y me fui solo a la ciudad de Juchitán de Zaragoza, un lugar ubicado a hora y media de mi pueblo de origen.

Yo no conocía este lugar y, al llegar, no tenía dónde quedarme. Entonces, empecé a buscar un refugio; me fui al mercado y comencé a preguntarle a todas las personas que veía: «Oiga, ¿y no me puede tener en su casa? Yo quiero trabajar y solamente me da la comida, porque quiero estudiar». Así anduve todo el día; sin embargo, no conseguí el apoyo de nadie. Por la noche, tuve que quedarme a dormir debajo de un puesto de frutas y verduras.

Al día siguiente tenía mucha hambre, pues no había ingerido ningún alimento en dos días, y me sentía desesperado, solo, triste... Así que me vi forzado a robar una manzana para poder comer — fue la única vez que lo hice, pues me vi obligado por las circunstancias—. Después, continué la búsqueda de ver quién me podía ayudar, o adoptar, prácticamente.

Finalmente, encontré a una señora que se llama Angélica y a su marido, Isidro. Ella me interrogó: «*¿De dónde vienes, hijo?*». Yo le expliqué que venía del pueblo de Los Limones, y me mencionó que ellos también eran originarios de ahí. Me respondió: *«Claro que sí puedes quedarte con nosotros».*

Ella tenía un puesto de ropa, y comencé a venderla con ella. Salía a ofrecer, caminando, ropa a la gente; sin embargo, ella no me pagaba por vender, y únicamente me proporcionaba una comida al día.

Como yo ya tenía dónde vivir, le hablé a mi mamá. Ella vino a Juchitán y me inscribió a una escuela secundaria nocturna de trabajadores. Yo asistía a la escuela de noche, entraba a las 6 de la tarde y salía alrededor de las 11 de la noche.

Posteriormente, al amanecer, de nuevo me iba a trabajar todo el día y, como les comento, sólo por una comida a cambio. Terminé mi primer y mi segundo año de escuela en este lugar, pero para

4

el tercer año se fundó la secundaria en mi pueblo, así que regresé a mi localidad natal a finalizar; además, mis padres estaban enfermos y necesitaban cuidados.

Después de ese año, regresé nuevamente a Juchitán a estudiar la preparatoria; no obstante, en este periodo que volví a vender ropa hice algunos cambios; recuerdo que, por ejemplo, la señora me decía: *«¿Sabes qué? Esta camiseta cuesta MXN$15, pero si te piden que hagas un descuento déjala en MXN$13»*, y yo le respondía que sí.

Pero, al ofrecerlas, yo les decía a las personas: *«Están en MXN$17, pero se las dejo a 15 pesos»*, entonces, de alguna manera, yo sabía que eso no era robar. Le explicaba a la señora que la camiseta se vendía en 13 pesos, y yo me ganaba MXN$2, así ya me quedaba dinero para comer. Por ejemplo, en ese tiempo las tortas costaban MXN$2.50, y la ganancia me permitía alimentarme.

De igual forma, lo realizaba con mis padres: si yo vendía algo, trataba de subirle un pesito más para tener ganancias. Si era algo más barato, no le subía tanto. Si un pan costaba un peso, lo vendía quizás a un peso con 10, 20 o 50 centavos.

Después mi madre imitó el modelo: nos poníamos a vender carne de res que le pedía al carnicero. Si 1 kg de carne costaba MXN$10 o MXN$15, ella lo vendía en MXN$11 o en MXN$16. De esa manera, tuve la educación de que, si compras y revendes, ganas.

Cuando estudié la preparatoria me puse a trabajar de mil usos: pinté puertas, lavé automóviles, vendí chicles y periódicos, limpié casas, podé jardines, vendí tacos... Sobre esto último, quisiera compartirles que un amigo y yo compramos un triciclo y hacíamos tacos de cabeza de res; él era muy bueno cocinando este producto y nos fue muy bien. También vendíamos naranjas; fui repartidor de pollos, taxista, mesero... Me dediqué a todo lo que cruzara en mi camino.

Yo quería especializarme en la administración; me encantaba esta rama. Sin embargo, después de haber salido de la preparatoria, me fui al Heroico Colegio Militar a probar suerte; presenté el examen y quedé, pero luego de dos o tres meses, más o menos, deserté porque mi mamá se enfermó de gravedad y su última voluntad era verme antes de morir.

Cuando se recuperó, ya no pude regresar con los militares, así que inicié a trabajar como encargado de almacén en una empresa de partes y refacciones de enfriadores que le trabajaba a Coca Cola.

Después, tuve la oportunidad de volver a estudiar, así que decidí intentar inscribirme en la carrera de Administración de Empresas; no obstante, me encontré a un amigo de la preparatoria y me dijo: «*No estudies eso; yo estoy en informática; te recomiendo que estudies sistemas porque es muy fácil. Yo te puedo ayudar; ya voy en tercer semestre. Los profesores son mis amigos...».* Me convenció, y entré a Sistemas sin conocer nada de computación; es más, ¡recuerdo que ni siquiera sabía utilizar el programa de Word 97!

Empero, me aventuré, y así continuó mi historia, la cual quiero compartirte en esta obra, en conjunto con los aprendizajes que he obtenido acerca del mundo de los negocios, pues a través de todo este tiempo me doy cuenta de que son muchas las experiencias que he obtenido a base de mucho esfuerzo y dedicación.

Por ello, hoy quiero descubrirte doce secretos que me han llevado a establecer dos compañías con más de 300 colaboradores a nivel nacional y a crear tres marcas registradas.

Si crees que tener un negocio propio puede ser de alto impacto para tu vida y no tienes miedo de salir de tu zona de confort, entonces este libro es para ti.

Jairo García

Fe en Dios

"Con Dios, no hay imposibles"

Evangelio de Lucas - 18

El primer punto importante que deseo establecer al inicio de esta obra es "Confía en Dios"; aférrate a tus sueños, pero también aférrate a Dios y toma su mano; por muy difícil que sea la tormenta, por muy arduos que sean los obstáculos, por muy duro que parezca todo, no sueltes a Dios; sólo ten fe en Él.

He pasado muchas experiencias difíciles en mi vida, las cuales me han dejado diversos aprendizajes. Sobre ellas deseo platicarte en este texto. Sin embargo, antes de hablar de negocios, me gustaría compartirles una situación muy íntima y personal que me ha hecho valorar a Dios y a la vida, más que al dinero: Perdí a mi primera hija; se llamaba Jaylin. Mi segunda hija, Mila, nació en 2017; fue prematura de seis meses, y estuvo en una incubadora tres meses, aproximadamente. Los médicos no le daban muchas esperanzas de vida.

Yo seguía aferrándome a Dios y, afortunadamente, ahora mi hija tiene cuatro años, casi cinco, y puede ver bien; tiene un problema motriz, no camina adecuadamente, pero ella sigue adelante.

Esta situación vino a darme fortaleza, pues creo mucho en el poder de la mente: lo que piensas, lo atraes. La mente es tan poderosa que, realmente, si lo deseas tanto, lo vas a conseguir. Yo siempre recomiendo: deséalo tanto, tanto, tanto, hasta que la vida te lo dé.

Es aquí donde viene el tema importante que abre este capítulo: nunca se desaparten de Dios;

por más difícil que sea la tormenta, siempre llega la calma.

Yo creo que la casa de Dios —o la principal casa de Dios— es tu corazón; es ahí donde lo puedes alojar, donde le puedes dar hospedaje.

También debes lograr que tus hechos importen; podemos levantarnos de la cama y orar a todas horas; sin embargo, si simplemente no honramos a Dios con nuestros hechos, creo que de nada sirve la oración.

Muchas veces llegamos llorando con Él y le pedimos que nos ayude, porque somos sus hijos y estamos pasando por un mal momento; no obstante, no debemos esperar hasta tener un problema para acercarnos a su ser.

Cuando quieras emprender algo, confía en Dios, aférrate a tus sueños y no te desapartes de Él para nada; si el emprendimiento no funciona, dale gracias porque estoy seguro de que Él tiene un nuevo proyecto para ti y, si funciona, también dale las gracias.

Algunos dicen que Dios se les muestra, les habla y les da misiones en los sueños; yo siento que Dios se nos muestra en el sediento, en el hambriento, en el enfermo; en tus padres, en tus hijos, en tus amigos, en toda la sociedad que necesita de esa mano pidiendo ayuda.

Siempre decimos: "Si Dios me ayuda, me voy a portar bien"; considero que eso tenemos que hacerlo siempre: honrar a Dios con nuestros actos, con nuestras acciones y ¿por qué no? También con nuestras palabras; conozco a muchas personas que su vocabulario es únicamente sobre Dios, pero sus actos van totalmente de manera contraria.

Es importante que Dios esté todos los días en nuestra vida, en nuestra familia y nuestros hijos; sin embargo, de igual manera, el esfuerzo, el trabajo duro, la disciplina, la entrega, son muy importantes. Todo va de la mano.

Yo no me considero una persona muy ejemplar; simplemente, he tratado de hacer las cosas y de buscar que mis objetivos se cumplan, para eso me he preparado, estudiado e investigado. Quizás no estudié en las mejores universidades del país; sin embargo, eso no me detuvo para aprender y tener lo mejor.

Si yo tengo fe, puedo encontrar una piedra que me guste, una piedra con forma de mono, y yo determino que es un Dios en forma de mono; así, ésta me va a dar bendiciones, me va a cuidar y proteger, **no por el poder de la piedra, sino por lo que hace mi fe**. Esa energía la transmito hacia ese objeto.

En este sentido, te recomiendo que tengas fe, aférrate a tus sueños y enfócate en tus objetivos. En este texto **te compartiré cómo, con fe y dedicación, logré fundar diversos negocios exitosos en la actualidad. Así que, si quieres saber cómo lo logré, ¡sigue adelante!**

Aférrate a tus sueños y no te rindas

"Todas son buenas noticias; aprende a entender y a

valorar los aprendizajes"

Jairo García

Tenía los antecedentes de trabajar bien y ganar dinero, pero encontré malas compañías y me empecé a juntar con personas sin provecho.

Hasta que un día, llegué al pueblo a visitar a mis padres y le dije a mi mamá: *«Tengo hambre»*. *«Sí, hijo —me respondió—; ahorita te preparo algo de comer»*, y mandó a mi papá a la tienda para que le fiaran unos huevos, pero, cuando él volvió, le comentó: *«¿Sabes qué, mujer? Ya no me dieron los huevos que me pediste porque dicen que debes y te van a fiar hasta que pagues lo que debes».*

Entonces, ese pequeño momento me marcó para siempre, porque reflexioné: *«¡Ah! Yo gastando el dinero ahorrado con malas compañías, con malos amigos, —porque nos*

20

escapábamos de las clases— y mis papás aquí sufriendo por uno o dos huevos». Por esta razón, retomé mi camino y mi sueño de titularme: empecé a ser muy atento en la escuela, ya no faltaba a clases y le echaba ganas.

Terminé mi carrera con mención honorífica; obtuve 9.7 de calificación general, si no mal recuerdo, y fui el mejor promedio de la generación; de esta forma, me gradué como Ingeniero en Sistemas.

Al egresar, hice mis prácticas profesionales en Pemex y realicé un sistema que les encantó; al concluir, me dijeron: *«Mira, si te quedas tres meses más y perfeccionas el sistema, te daremos una ficha para que entres a trabajar después aquí»*; empero, yo ya no quería saber nada de la escuela o de laborar de a gratis, porque no me iban a pagar, obviamente, ya que era continuación de las prácticas, así que no acepté.

Comencé a trabajar en la empresa Nissan como jefe de sistemas a mis 21 o 22 años, aproximadamente. Luego, me fui a Bodega Aurrerá cuando recién inauguraron cerca de mi localidad y entré en el área de Abarrotes; luego, me moví a Grupo Femsa en Coca-Cola, ahí estuve dos años más o menos como vendedor y como agente de ventas.

Posteriormente, me fui a laborar a una casa de empeño que se llama Prendamex, ahí laboré dos años en varias áreas como gerencia, valuador, cajero y ventas, pues me gustaba ser multidisciplinario; asimismo, trabajé para Grupo

Modelo alrededor de doce años como jefe de sistemas.

Ahí, inicialmente quería estar en ventas, pero sentía que el área de sistemas me llenaba, pues era mi pasión poder aplicar lo que había aprendido; así, hice muchas mejoras en la empresa en el área mencionada. **Sin embargo, yo quería más. No me gustaba estar quieto; quería seguir aprendiendo y ser alguien exitoso.**

En ese lapso estudié también la carrera de Administración, después una maestría en Sistemas, precisamente para poder perfeccionar mis conocimientos o tener mejor formación.

A partir de mis estudios **empecé a tener la espinita de emprender,** porque había laborado

23

para muchas empresas importantes, pero no sabía qué seguía, qué más había para mí, hacia dónde me dirigía.

Mis actividades ya no me llenaban del todo; además, aunque en este tiempo era soltero, el dinero que ganaba no me alcanzaba. De hecho, por esta razón decidí estudiar la maestría en Sistemas, para poder ganar un poquito mejor y tener un nivel jerárquico más alto en la empresa en la que estaba, situación que nunca pasó; así que inicié a pensar en cómo podía invertir mi dinero.

En el mes de mayo que nos llegó el reparto de utilidades, me dieron MXN$8,000, y lo que hice fue meterme a Mercado Libre; ahí compré unas cámaras de seguridad e investigué cómo funcionaban; logré instalarlas y pensé: «*De aquí soy*». **Comencé a instalar las cámaras de seguridad y, para eso, conseguí un cliente.**

Poco tiempo después, por cuestiones de estrés, llegué con un doctor y le comenté, además de mis malestares: «*Oiga, doctor, veo que su clínica es nueva. ¿No le interesan unas cámaras de seguridad?*». «*Sí, Jairo —me respondió—*». Él es el doctor Carlos Alonso; lo recuerdo perfectamente: mi primer cliente de este negocio.

Me preguntó cuánto le cobraba y le respondí que MXN$16,000; él aceptó. Yo estaba feliz, porque había invertido MXN$8,000 e iba a ganar el doble; sin embargo, me di cuenta de que no era tan sencillo, porque debía pagar mano de obra y tenía que buscar una camioneta para cargar mis equipos, porque no tenía cómo trasladarlos.

Al instalar las cámaras, no funcionaban, así que compré otros equipos y cables que necesitaba, y no me había dado cuenta; finalmente, perdí dinero, más que ganar. Yo quedé muy desanimado.

Entonces, formalmente vendí mis primeras ocho cámaras de seguridad al doctor Carlos Alonso, quien todavía es mi amigo, pero juré no volver a vender cámaras de seguridad en mi vida.

Sin embargo, **el sueño seguía en alguna parte de mi ser… Yo quería tener un negocio.** Mi madre, por el contrario, me decía: *«Hijo, algún día quiero que estudies mucho y que, al terminar, estés detrás de un escritorio con tu traje, bien* *presentable, trabajando en una gran empresa».* Quizás en Grupo Modelo pude haber hecho carrera y cumplir el sueño de mi madre, pero **mi anhelo era el emprendimiento.**

Tiempo después, a pesar de las fallas, el doctor me recomendó. Alguien me llamó por teléfono y me dijo: *«Oye, Jairo, soy Roberto, y el doctor Carlos Alonso me recomendó contigo porque tú colocas cámaras de seguridad, y me gustaría que me instales algunas en una empacadora de mangos, así que quiero que me cotices».* Pude haber dicho que no... estuvo en mis manos abandonar mis sueños; no obstante, **decidí no darme por vencido y accedí.**

Fui al lugar, le hice un presupuesto y aceptó. Me dio un cheque por el 50%, con lo cual me alcanzó para comprar todas las cámaras; de igual forma, conseguí una persona de apoyo; de hecho, todavía trabaja conmigo, se llama Francisco Javier de la Cruz, no obstante, le decimos Paco; también le hablé a un amigo que se llamaba Leonel (quien lamentablemente falleció tiempo después).

A Leonel le comenté que iba a hacer una instalación de unas cámaras, pero que no tenía quién me apoyara para instalar; me dijo que llevara a Paco y que él me prestaba su camioneta. Fuimos a instalar y trabajamos alrededor de 38 a 40 horas seguidas porque lo hicimos en un fin de semana. Como yo trabajaba en Grupo Modelo, no podía laborar en las cámaras entre semana; así que el sábado en la tarde empezamos a trabajar en la instalación; pasó domingo, lunes, y el martes estábamos terminando… sin dormir y prácticamente sin comer, porque era un lugar muy alejado sin ningún servicio.

El trabajo nos quedó muy bien y, ya emocionado, inicié a buscar más instalaciones de cámaras. Después, incursionamos en el ámbito de redes alámbricas e inalámbricas; me pedían instalación de éstas, mantenimiento de computadoras, cercas eléctricas…

Por cierto, la cerca electrificada la manejamos precisamente porque mi amigo Leonel estaba construyendo su casa y me dijo: *«Oye, Jairo, quiero que me instales una cerca eléctrica en la casa».* Yo le comenté que no sabía hacerlo, así que me pidió que tomara un curso, que él lo pagaba, pero lo tomara, y le hiciera la instalación.

29

Entonces, él me dio ese empujoncito para meterme al curso de instalación de cercas eléctricas; conseguimos al proveedor y nos fuimos Paco y yo a tomarlo a la ciudad de Oaxaca; regresando compramos los materiales para la instalación; nos dio el 50% de anticipo, instalamos la cerca y quedó perfecta. Luego, me mencionó que también necesitaba un videoportero (interfonos que tienen pantalla interior, los cuales te permiten ver quién toca y comunicarte por audio).

En suma, de estas vivencias puedo brindarte varios consejos:

- **Evita las malas compañías;** es decir, aleja a aquellas personas que, en vez de traer un beneficio a tu vida, te perjudican y te distraen de tus objetivos.

- **No pierdas de vista tus sueños:** es válido buscar trabajo de lo que haya disponible; cualquier labor honrada es digna de ser aceptada. Sin embargo, ten tus sueños siempre presentes y, en cuanto puedas ponerlos en marcha, ¡hazlo!

- **Sé claro en los objetivos que quieres alcanzar**, no permitas distractores; evita que las personas a tu alrededor te disuadan de lo que quieres alcanzar.

- **No te estanques en tu zona de confort**: no autorices que el miedo, la comodidad o la falta de decisión, te mantengan en un lugar que no te llevará a cumplir tus metas.

- Si está en tus posibilidades, **haz estudios relacionados con aquello sobre lo cual deseas laborar**.

- **Emprende e invierte tu dinero,** aunque sea poco. No dejes que el dinero pierda su valor debajo de tu colchón.

Aprovecha las
oportunidades que crucen
tu camino

"No todo es dinero; lo que a muchas personas les hace

falta es visión"

Jairo García

Lo que había aprendido hasta ese punto de mi vida es que en los negocios no todo lo podemos basar o tasar en el capital, en la capacidad de inversión, porque si lo crees y determinas de esa manera te vas a perder un mundo de oportunidades allá afuera.

No hay inversión pequeña, ¡así que enfócate y abre los ojos a las señales!

Retomando el capítulo anterior, continuamos con la instalación de cámaras gracias a mi amigo Leonel. Él creyó en mí, puso esa oportunidad en mi camino, y yo la tomé.

Lo menciono de nuevo porque él falleció en un accidente automovilístico; sin embargo, lo recuerdo con mucho cariño porque me abrió las puertas, incluso me recomendó con muchos

36

amigos de él que me solicitaron cercas, videoporteros, etc., y prácticamente de una instalación al mes, pasamos a hacer de dos a tres instalaciones por semana con su ayuda.

Aquello resultaba pesado, extenuante porque tenía que cubrir un horario en Grupo Modelo de 12, 14 o 16 horas, más el tiempo en el que tenía que instalar las cámaras o cualquier otra labor que me surgiera.

En las siguientes contrataciones, seguimos trabajando de esta manera: con el 50% de anticipo compraba las cámaras, 30% del dinero se destinaba a gasolina y mano de obra, y el 20% restante lo ahorraba.

Por ejemplo: Si por un trabajo cobraba MXN$10,000, con $5,000 pesos yo compraba los materiales, $3,000 pesos se utilizaban para los servicios del trabajo, así como mano de obra, y yo me quedaba con $2,000 pesos, los cuales guardaba en una cuenta de ahorro; solamente vivía con mi salario de Grupo Modelo.

Asimismo, con este salario adquirí mi casa; para eso, solicité un crédito Infonavit; con ello no pagaba renta y así podía continuar ahorrando y proveer con dinero a mis padres.

El automóvil me lo proporcionaba la empresa, entonces, de igual manera, eso era una gran ayuda. Sin embargo, no me conformé y, con lo que tenía ahorrado, compré una camioneta para seguir con el trabajo de las instalaciones.

La idea era seguir emprendiendo, mejorando las herramientas de trabajo, pero

también buscar una mejora personal. No obstante, pese a los éxitos, a mi negocio aún no le había puesto nombre y me preguntaba cuál sería el más adecuado.

Tenía un gran amigo en esos momentos —nos separamos por azares del destino— al cual le platiqué mi indecisión de elegir un nombramiento para el establecimiento, y él me preguntó: *«¿Por qué no le pones TI Negocios? Son las siglas "T" de "Tecnología", "I" de "Informática", y la palabra "Negocios", para que no sólo te enfoques en los negocios de tecnología e informática, sino que así indiques que, de igual manera, te dedicas a otras labores que puedan estar relacionadas».*

Este amigo se llama Edrigelio Hernández, vive en Tuxtepec, Oaxaca; así, me ayudó con el nombre, e incluso también con el logotipo —el primero que tuvimos— que era una "T" y una "I" con unas antenitas que hacían referencia a Tecnologías Informáticas y de la Comunicación; todo el concepto se enfocaba en eso.

Posteriormente, **incursioné en el área del servicio de limpieza.** ¿Cómo empecé este proyecto? Que, por cierto, es uno de nuestros negocios más prósperos, el cual brindamos en todo México.

En una contratación de cámaras de seguridad, estábamos en los últimos detalles de la instalación y le indiqué a Edson, uno de mis trabajadores: *«Esa canaleta no me gustó. ¿Por qué no la mueves, por favor? Utiliza el nivel y ponla un poco más derecha».* Atrás de mí estaba un señor de unos 40 años, aproximadamente, observando nuestro trabajo y escuchando lo que le decía a mi empleado; finalmente, se retiró. No me dijo nada, sólo nos miró, escuchó y se fue.

Cuando terminamos, me dirigí con la licenciada Maldonado, quien era la encargada de administración y de pagos —todavía conservamos una bonita amistad—; le mencioné: *«Licenciada, ya terminamos su trabajo de cámaras».* *«Está bien, ingeniero —me respondió—. ¿Puedes pasar, por favor, con mi jefe para que te autorice y te firme el cheque?».*

Fui y, cuando toqué la puerta, su jefe era el hombre que nos estaba observando mientras trabajábamos. Me dijo: *«Jairo, pásale, ¡qué bueno que ya quedó el trabajo!»;* también le instalé un teléfono y quedó contento.

Él era el ingeniero Juan —no recuerdo sus apellidos; es de Tamaulipas, pero su trabajo estaba en la ciudad de Juchitán—. Me firmó mi cheque, me entregó mi paga y me comentó: *«Oye, Jairo, si tú tienes algún conocido que me preste los servicios de limpieza necesito, por favor, que me lo contactes. Me urge una cotización de personas de limpieza para las oficinas y la subestación».*

La pregunta que me hizo el ingeniero marcó el inicio de una nueva etapa, de todo lo que seguiría a continuación. Le respondí que yo lo podía ayudar, como dicen en mi pueblo: "Caché la bola en el aire". Me respondió: «*¿En serio? Pues*

¡mándame la cotización!».

Llegué a mi oficina en Grupo Modelo y le

pregunté al contador Ursulino Benítez Toledo,

quien fue mi contador por muchos años: «*¿Qué*

necesito para darme de alta como patrón en el

seguro social?». Me contestó: «*Hay que crear un*

registro patronal», y me brindó otras indicaciones.

Yo trabajaba, pero no expedía facturas, ni

estaba dado de alta formalmente en Hacienda, así

que **me interesaba saber cómo formalizar mi**

negocio y pagar impuestos, el IVA, el IMSS, y

todo lo que conllevaba el tema fiscal, contable.

Le pedí que me explicara cuánto debía pagar

por una persona contratada; me comentó, por

ejemplo, que si yo le pagaba MXN$4,000 a un

trabajador, debía dar MXN$3,000 de impuestos. Así, deduje que yo debía pedir en el presupuesto MXN$10,000 por persona.

Le envié la cotización al ingeniero Juan José, y me preguntó: *«Jairo, ¿estás seguro de que esos precios te convienen?»*. Le respondí que sí. Él se me quedó mirando sorprendido; yo quería cobrar lo justo, mi ganancia y un poco más para los gastos; sin embargo, él me insistió que revisara todo nuevamente para que no se me fuera ningún detalle; le agradecí la oportunidad.

Me marché a analizar los precios y le envié una nueva cotización. Cuando llegamos a un acuerdo, me pidió que también contratara a un supervisor y que le proporcionara un vehículo que no tuviera más de dos años de antigüedad; esto sucedió en el 2015, si no recuerdo mal, es decir, tenía que brindarle un automóvil mínimo del año 2013. En él, el supervisor realizaría su trabajo y llevaría al personal a la empresa.

Yo tenía dinero ahorrado de mis anteriores empleos y aguinaldos, pero no era mucho, eran aproximadamente MXN$100,000, los cuales no me permitirían comprar un auto de agencia.

La camioneta que yo tenía de la instalación de cámaras era del año 2000, así que definitivamente no me funcionaría. Hice algunas cuentas, comprendí que el auto no era un lujo, sino una herramienta, así que decidí pedirle prestado a mi mamá y a mi hermana; de esta manera, pude adquirir una camioneta nueva de agencia.

Así, iniciamos el trabajo. Para ese entonces yo ya estaba casado, seguía laborando en Grupo Modelo, pero, a su vez, también era jefe porque ya estaba dado de alta en el registro patronal. Al inicio, cuando todavía no había muchas ganancias, yo debía pagarles a mis empleados con la quincena que me llegaba de la Cervecería Corona.

Yo no me considero una persona avariciosa, nunca me ha ambicionado el dinero; prefería saber que **estaba construyendo empleos** que le permitían a otras familias tener un ingreso y pudieran llevar comida: pan, arroz, frijoles, a sus mesas.

Ése ha sido siempre mi objetivo: generar empleos para que México sea cada vez un país mejor y proveer ingresos a las personas.

Aun con este nuevo negocio, yo seguía instalando cámaras de seguridad, cercas eléctricas, etc. con Paco en las noches o los fines de semana; mi contador me asesoraba en todos estos asuntos, y yo me sentía el empresario del año.

Posteriormente, el negocio creció gracias a que diversos amigos y conocidos me ayudaron a abrir puertas y tener contactos; por ejemplo, el departamento de compras de la cervecería.

Sin embargo, también hay y hubo personas que me han puesto piedras en el camino y me han enviado obstáculos para que el trabajo no se logre.

Contrario a lo que pudiera pensarse, sinceramente les agradezco sus acciones, porque me han potencializado bastante y han sacado lo mejor de mí para continuar.

Siempre te puedes topar con personas que no tengan la misma visión, gente que quiere abusar de sus puestos o de las relaciones. Yo siempre he preferido manejarme con ética y luchar por mi trabajo, valorar el esfuerzo de mantener a otras personas, buscar empleados y proveedores confiables; gracias a esas decisiones seguí adelante y, quienes me pudieron perjudicar, a la larga me beneficiaron, porque nunca lograron detenerme.

La prestación del servicio de limpieza es, creo, el negocio más seguro y con menos riesgos que tengo porque, al hacer una cotización, ya sé de cuánto será la ganancia.

Pasa lo contrario con un producto: yo lo compro, lo tengo que almacenar; se debe pagar renta de un local, la electricidad, se contrata a una persona que venda, etc. Voy a ofrecerlo al público a un precio que yo considere, no sé quizás con un 30% o 40% de utilidad, pero a eso hay que restarle lo que se debe pagar, mencionado previamente, y si ese producto baja de precio, también tengo que hacerlo yo; me ha tocado vender productos al mismo precio en el cual yo los compré, después de dos o tres meses, y que ya me generó costos o gastos; en ocasiones, incluso debo darlos mucho más baratos de su precio original.

El gran problema con la inversión de limpieza en la cervecería es que me pagaba después de 60 días, y yo le debía dar crédito este tiempo. Tenía que pagar, de mi bolsa, cuatro quincenas al personal, dos meses de contador, más la renta de unas pequeñas oficinas para revisar los negocios, pues ya éramos alrededor de ocho personas.

Posterior a ello, en el 2017, me di cuenta de que mi sueño de ser empresario se estaba cumpliendo, y mis decisiones eran más sólidas. Renuncié a Grupo Modelo el 30 de noviembre de 2017 y, ya para el 2 de diciembre, estaba viajando a su corporativo en la Ciudad de México para darles una cotización exclusivamente para el tema de la limpieza.

(Me acuerdo que, para esa reunión, le pedí prestado a un amigo un traje porque tenía que ir presentable, ya que la primera apariencia cuenta mucho, pero eso se los contaré en el siguiente capítulo).

Con estas grandes oportunidades que la vida me ha puesto en el camino, te aconsejo lo siguiente:

- **Escucha los consejos de tus buenos amigos;** aprovecha el impulso y las recomendaciones que tus amistades puedan hacer de tu negocio.

- **Calcula adecuadamente las cotizaciones de tus productos o servicios,** para que puedas adquirir la materia prima, pagar a tus trabajadores, ahorrar y tener un margen de ganancia.

- **Ganes mucho o poco, ahorra y reinvierte**. No gastes tus ganancias sin analizar a detalle lo que puedes lograr con dinero bien invertido.

- **Elige un nombre relacionado con tu marca y un logotipo adecuado** para darle identidad a tu negocio. Puedes apoyarte de alguien experto en el tema.

- **Brinda siempre un excelente trabajo**; no sabes quién pueda ser testigo de tu empeño.

- **Si una buena oportunidad se cruza en tu camino, tómala y no la sueltes.**

- **Formaliza tu negocio ante las instituciones correspondientes**; paga tus impuestos y provee a tus empleados de todo lo necesario.

- Si un negocio te redituará a futuro y no tienes ingresos, **consigue un préstamo que puedas pagar**.

- **Genera empleos** para tu comunidad, si está en tus posibilidades.

- **Aléjate de las personas que quieren impedir tu crecimiento.**

Encuentra la manera de darte a conocer

"El traje denota muchas veces al hombre"

William Shakespeare

Este capítulo me hace recordar una historia:

Érase una vez una señora casada, madre de dos hijas. Su esposo era el único que trabajaba y llevaba el ingreso al hogar; vivían bien, pues el esposo tenía buen trabajo. Poseían una buena casa, grande, con alberca y otros grandes lujos.

Posteriormente, el esposo murió, y la esposa se quedó sin ingresos, debido a que ella sólo se dedicaba a cuidar a sus hijas.

Lo único que sabía hacer, y que lo hacía muy bien, era preparar crepas. Un día, decidió sacar una mesa a la calle y ponerse a vender este postre en las noches.

Tiempo después, por casualidad, llegó una persona, le compró una crepa y le encantó; al retirarse, el hombre le proporcionó una tarjeta y le solicitó: *«Ven a verme mañana en mi oficina; tengo trabajo para ti».*

Al siguiente día, ella acudió a la oficina de esta persona; al llegar, ya le tenían preparado un vestido muy elegante, así como un bolso, zapatos finos, un reloj de marca...; también estaba una persona que la iba a maquillar y a peinar.

Al terminar, le dieron una llave de un BMW Deportivo, y el jefe le indicó: *«Este automóvil te lo vamos a prestar. Ve a esta dirección, les dices que vas de mi parte y que eres la directora general de tu empresa de crepas y que quieres venderles».*

La persona a la cual debía visitar era a uno de los socios de Vips. Así lo hizo la mujer; al llegar dijo las palabras que le indicaron, y el socio le hizo un primer pedido de 2000 crepas.

Con este ejemplo, nos damos cuenta de cómo inicia un relato de producción, una historia de darse a conocer, de salir adelante, pero, asimismo, **notamos la importancia de la primera impresión** (ella iba bien vestida y presentable); quizás, así como arreglaron a la señora, ella se mostraba con más solvencia o éxito en los negocios.

Aunque yo poseía una empresa de instalación de cámaras y otra de limpieza, no tenía dinero; la poca liquidación que me dieron por mi renuncia la ocupé para seguir pagando nóminas.

No obstante, tenía una cita con el corporativo de Grupo Modelo para seguir ofreciendo los servicios para limpiar; por esa razón, pedí prestado un traje. Acudí lo más presentable que pude a la entrevista, para verme como el empresario exitoso que yo quería llegar a ser algún día: **quería lucir por fuera justo como yo me percibía por dentro.**

Me aferré al sueño de seguir siendo su proveedor. Si bien asistí a la entrevista y fue una buena reunión, el negocio no se concretó de inmediato, pero, a finales del 2018, lanzaron una convocatoria para darle el servicio de limpieza a Grupo Modelo en la fábrica más grande de América Latina que está en Apan, Hidalgo; en ese momento, Fernando Fabián Romero, el encargado de compras, ya no estaba trabajando en ese Grupo, pero le dejó mi contacto a Ana Lilia Leiva, quien era la nueva responsable del área mencionada.

Así que, nuevamente de la mano de Dios, fui a verificar la fábrica y a ver todas las necesidades que los empresarios tenían; empecé a licitar y vender mi propuesta.

En enero del 2019, exactamente, Ana Lilia me habló por teléfono: *«¡Felicidades! ¡El contrato es tuyo!»*. Se requería una plantilla de 53 personas; ahí se fueron los poquitos ahorros que tenía, pues hubo que comprar equipos, uniformes, hacer la contratación del personal requerido, así como otras situaciones relacionadas.

A mediados de junio de este año, Ana Lilia me dijo que tenía muchas agencias para mí; eran alrededor de 185 lugares divididos en 16 Estados de la República: Ciudad de México, Estado de México, Guanajuato, Hidalgo, Guerrero,

Querétaro, Oaxaca, Veracruz, Chiapas; toda la parte del centro, sur, sureste, occidente, bajío, noreste, etc.

Ahí es donde comenzó el martirio, porque el crédito ya no era de 60 días, ya se pedía solventar los gastos por 150 días; es decir, cinco meses. Entonces, ahora habría que mantener a casi 300 personas contratadas por estos meses, más impuestos, aunados a los gastos de operación.

Al mismo tiempo, me seguía dedicando a las cámaras. En una ocasión, le instalamos algunas a la ciudad de Zaragoza; fue un proyecto de 2 millones y medio de pesos, de los cuales yo gané solamente MXN$400,000.

Sin embargo, reflexioné: un empleado no gana eso en un año; yo lo gané en dos o tres meses, así que era una buena ganancia, la cual, finalmente, ocupé para pagar nóminas.

Por lo anterior, se derivó un trabajo duro por conseguir créditos, financiamientos, ya que no tenía un historial crediticio sólido para que los bancos pudieran proporcionarme algún préstamo; no tenía muchas propiedades o bienes que pudiera vender tampoco. ¿Qué hice, entonces? Te lo comparto en el siguiente capítulo.

Mis recomendaciones finales son:

- **Encuentra la manera de darte a conocer:** si tienes algún buen producto o servicio, ofrécelo y haz crecer tu negocio.

- **Cuida tu vestimenta,** sobre todo cuando vas a dar una primera impresión a alguien que no conoces: **vístete como el empresario que quieres llegar a ser.**

- Sigue adelante; **visualízate y enfócate claramente en tus objetivos. No dejes que nada te distraiga.**

- Busca nuevas oportunidades siempre que te sea posible: **sueña en grande.**

El financiamiento y su vínculo con el esfuerzo personal

"El futuro económico y no económico de una persona lo

determina más la buena o mala gestión del dinero que

haga esa persona, que los ingresos que llegue a tener a lo

largo de su vida"

Gregorio Hernández Jiménez

El primer préstamo que obtuve fue del banco HSBC, que fue la única institución bancaria que confió en mí y me dio un crédito hipotecario, así que tuve que gravar la casa. Quise venderla, pero me ofrecían menos dinero del que valía. Estuve a punto de perder el único patrimonio que tenía para mi familia, su techo; sin embargo, confié en que el negocio resultaría bien y ese dinero daría frutos.

El dinero del banco me duró mes y medio, así que intenté buscar otros medios de financiamiento, contacté amigos —tres me prestaron los ahorros que tenían— y continué tocando puertas, hasta que un día acudí con un compañero a quien, de igual manera, le pedí un préstamo.

Él me dijo que no tenía dinero, pero que me iba a recomendar con un amigo suyo que es el presidente de la Cámara de Comercio (CANACO) y él me podría ayudar, ya que apoyaban a personas como yo, con interés de emprender.

Así, me recomendó con un asesor de un buffet que ayuda a la CANACO; esta persona me contactó y me dijo que había dos entidades financieras que estaban dispuestas a apoyarme.

La que más me brindó fondos se llama Credijusto; cumplí con sus requisitos y me dieron un préstamo de 1.4 o 1.5 millones de pesos mexicanos, aproximadamente. Sin embargo, yo ya sabía que ese dinero no me iba a alcanzar, por lo que continúe buscando medios de financiamiento.

Luego encontré otra empresa que se llama Cumplo México, la cual se encarga del factoraje; es decir, de las facturas que yo tengo ellos me prestan un cierto porcentaje y, cuando me pagan esa factura, ellos absorben ese dinero, porque ya me pagaron con el préstamo previo. De esta forma, fui solventando los gastos.

Me faltaba un mes para llegar a la meta establecida (cinco meses de solvencia); no obstante, ya no podía seguir. Toda mi capacidad crediticia se había agotado, y mis amigos ya no tenían dinero.

Por lo anterior, hablé con Grupo Modelo y les expliqué que ya no tenía manera de pagar la nómina y que, por lo anterior, tendría que suspender el servicio. Esto implicaba detener el trabajo de alrededor de 300 personas y, obviamente, era algo que afectaría a muchos. Yo argumenté que prefería hacerlo antes que quedarle a deber dinero a los trabajadores.

Algunos representantes de Modelo, a quienes les argumenté el problema, decidieron ayudarme y enviar correos a los directivos para saber si se me podía autorizar el adelanto del pago. Levantaron reportes y pidieron permiso al vicepresidente de Finanzas, el cual se ubica en Colombia.

Finalmente, autorizaron ese pago y, con él, se pudo continuar con la operación; poco a poco fui haciendo los pagos de las diversas entidades crediticias y la empresa empezó a solventarse y a tener ganancias.

Muchos me dijeron que era un sueño "guajiro" lo que yo perseguía y no creyeron en mí; incluso, llevé mi proyecto al programa de televisión *Shark Tank*, quienes no me permitieron participar. Los productores argumentaron que el proyecto no se televisaría porque que no era viable, ya que el sistema de *outsourcing* o subcontratación de personal iba a desaparecer; sin embargo, esto no pasó; se convirtió en el llamado *servicio especializado o servicio profesional.*

Continuamos en el camino más fuertes, más consolidados, con personal más capacitado; con clientes que ahora nos buscan y nos llegan a pedir que nos sumemos a su proyecto de ahorro que tienen.

Yo tengo una frase que siempre digo: **los ganadores nunca perdemos, o ganamos o aprendemos;** sinceramente, a mí me ha tocado aprender mucho en este camino, tanto lo bueno como lo malo; cómo hacer las cosas bien y cómo hacerlas mejor.

Un día, al terminar una de mis conferencias, de entre la concurrencia me alcanzó una persona y me comentó: «*Quiero poner un negocio, pero me gustaría que tú me orientaras y me digas cómo hacerle, porque veo que te va bien y que has progresado mucho en tus emprendimientos: viajas y te das la gran vida*».

Ésa era la impresión que tenía de mí; pero no veía todo lo que hay detrás de esos viajes, de esa

71

"gran vida". Entonces, tuvimos la siguiente conversación:

—¿Qué negocio quieres poner? y ¿Por qué?

—No sé de qué clase... pero sí quiero poner un emprendimiento, lo que sea, porque estoy aburrida de laborar y ya estoy cansada de mi trabajo. Deseo dedicarles tiempo a mis hijas; quiero estar el fin de semana con ellas, viajar, mejorar mis ingresos, tener más solvencia económica, laborar menos para dedicarles tiempo a ellas y hacer la tarea a su lado, y no puedo con el trabajo que tengo porque los horarios son difíciles.

—¿Sabes qué? Creo que no eres apta para poner un negocio. Simplemente, **cuando decidimos subirnos al barco del**

72

emprendimiento, estamos renunciando a todo lo relacionado con la familia —que es lo más importante—, a días festivos, vacaciones, prestaciones; renunciamos a trabajar 8 horas y lo cambiamos por laborar 18 o 20 horas, si no es que las 24 horas seguidas; estamos renunciando a fiestas, amigos, porque tenemos que impulsar, esforzarnos…

Dicen que lo que no duele no sirve; por ejemplo, pasa en el ejercicio: vas al gimnasio y hoy trabajas las piernas, pero, si mañana éstas no te duelen, significa que el trabajo no lo hiciste bien y no vas a ver resultados. Al siguiente día trabajas los brazos, y después no puedes ni levantarlos: significa que las fibras de los músculos empezaron a romperse para reconstruirse.

73

La idea que ella poseía de un negocio es la que la mayoría tiene: **desean emprender y creen que, de inmediato, van a recibir a manos llenas; pero es al contrario... las ganancias tardarán en llegar.**

Recientemente salimos a supervisar una instalación a la Ciudad de México y estuvimos tres días fuera de nuestros hogares. Comemos fuera de horario, dormimos poco, manejamos de 12 a 15 horas, si no es que más, y al otro día debemos seguir al pendiente.

Además, yo como responsable, tengo que llegar primero y ser el último en salir; o quizás un día no puedo ser el primero en llegar a la oficina, pero sí en empezar a trabajar, a buscar clientes, pensando qué es lo que podemos hacer para que el proyecto continúe.

Finalmente, de lo anterior, puedes poner en práctica estos consejos:

- Para poner un negocio, **si no tienes la solvencia económica necesaria, puedes pedir un préstamo en un banco, o con algún amigo o familiar de confianza. El dinero obtenido será para invertir,** no para gastarlo sin medida. Siempre paga los adeudos que tengas.

- Si el préstamo se obtiene a través de un banco, lee y analiza cuidadosamente los **tipos de deudas y plazos** que adquieres con ellos.

- Si un banco o FFF (familiares, amigos y personas cercanas) no te pueden prestar dinero, **siempre puedes hallar otras opciones**

de financiamiento: subvención pública, inversores privados, entidades de capital de riesgo, préstamos participativos, financiamiento solicitado por internet (*crowdfunding*), entre otros.

- Cuando empieces a emprender, **considera que deberás invertir el doble o el triple de tiempo y esfuerzo en tu trabajo,** a diferencia de cuando eres empleado de alguien más. De ti depende que tu negocio florezca.

- **Las ganancias tardarán en llegar;** sin embargo, no debes desesperarte. Recuerda: ¡Tú y tu negocio son la mejor inversión!

Confía en ti mismo y no
te rindas

"Si quieres, puedes; si puedes, sigue; si sigues, llegas;

y si llegas... lo tienes."

Jairo García

Como se puede notar, llevo un ritmo de vida muy acelerado, pero se siente muy bien que tantas ideas lleguen a mi cabeza acerca de los negocios y que éstas no se detengan; es como algo mágico que crea y atrae nuevos proyectos.

Tengo una idea respecto al concepto de negocios que constantemente me gusta mencionar: **Si voy a dedicarme a algo, voy a ser el mejor en ello.** Por ejemplo, si alguien me pide que venda naranjas, yo las vendo, pero **debo marcar la diferencia** en cuanto a cómo vendo esta fruta. Eso siempre se debe tener presente a la hora de emprender un negocio. **A mi cliente le sonrío, lo trato bien, lo saludo, lo despido; todo de una manera muy especial.**

Ésa es mi gran diferencia. Yo no vendo solamente naranjas, **vendo una experiencia agradable**. Todo es vendido con mucho amor, a diferencia de otros lugares en donde solamente te venden una bolsa de naranjas, te la cobran en MXN$25, por ejemplo, y fin.

Después de los negocios anteriores, yo quería emprender con algo más, así que mi amigo Marco y yo pusimos una lavandería. ¿Cómo surgió esta idea? Un día desperté y vi mucha ropa sucia en el cesto; no sabía cómo lavarla, así que decidí llevarla a una lavandería. Ahí fue donde se me ocurrió poner una, porque yo ya estaba enfocado en el negocio de la limpieza.

De manera personal, nos fue bien porque, gracias a esa sociedad, nació una amistad cercana que todavía conservamos. No obstante, ya no nos frecuentamos tanto; cada quien tomó su camino, pero seguimos siendo amigos.

En cuanto al tema económico, sí nos fue mal. Primero, Marco me vendió su parte del negocio porque lo cambiaron de lugar de trabajo a Veracruz. Luego, llegó la pandemia, y nadie quería lavar ropa en este tipo de negocios por el temor a contagiarse; así que, finalmente, se cerró. **No todos los negocios pueden ser exitosos.**

Sin embargo, yo ya tenía el tema de la limpieza aferrado a mis ideas de negocios. Sabía que mi línea de emprendimiento estaba ahí, así que cambiamos el nombre comercial de "TI Negocios" a "TI Clean" y le hicimos un nuevo logotipo.

Al llegar la pandemia, me di cuenta de que muchos productos relacionados con la limpieza estaban caros: el gel antibacterial, el cloro, el líquido para piso, etc. Así que me puse a pensar en un nuevo concepto o un nuevo valor agregado para la empresa.

Por lo anterior, creamos la marca VitaLimp con el concepto: "Limpieza vital para México". Esta marca nació de la idea de poder ayudar a la población, pues el litro de cloro estaba en MXN$20 o MXN$25, y el litro de gel en MXN$200.

Así que empecé a investigar sobre el tema, contraté a un Ingeniero Químico e iniciamos a armar la empresa con equipo rústico, pues no había recursos para establecer un laboratorio de producción más elaborado.

Con la investigación, produjimos nuestro primer lote de productos, que, primero, fueron tres: cloro, líquido limpiador (similar al Pinol, que es la marca de la competencia) y líquido multiusos (tipo Fabuloso, marca de otra empresa).

Rentamos un local pequeño e iniciamos la venta de los productos; buscamos distribuidores y registramos la marca en el IMPI (Instituto Mexicano de la Propiedad Industrial). Ahora, la familia VitaLimp tiene ocho productos: cloro, líquido limpiador (Pinol; lo hacemos en tres aromas: lavanda, floral y brisa del mar), líquido multiusos (Fabuloso), jabón para manos, jabón para trastes, jabón líquido para ropa, jabón en barra (tipo Zote) y gel antibacterial.

Estamos por producir también líquido tipo Armor All Protector. La marca va creciendo de acuerdo con la demanda de la sociedad.

Hago un pequeño paréntesis para algo que me gustaría compartir: VitaLimp ha patrocinado a diversos deportistas. Me encanta el deporte, así que hemos patrocinado a siete atletas nacionales e internacionales.

Apoyamos, por ejemplo, a Kenia Aranjo, a Xhunashi Caballero, a Diana Binissa Ríos, al keniata Moses Wanyoiken y más. Y aunque la empresa no está generando muchas utilidades, **sí está generando empleos, lo cual para mí es suficiente:** hay ganancias para nuestros distribuidores, para la señora que nos renta el local, hasta para la CFE, entre otros involucrados.

A los atletas los apoyamos con viáticos, uniformes; es decir, los ayudamos en lo que se pueda y, cuando sale una nota informativa en el periódico local gracias a nuestra ayuda, eso los motiva y los compromete a seguirse preparando y desarrollando.

Después de VitaLimp, mi cabeza seguía pensando y trabajando; me cuestionaba en las noches qué más podía hacer, qué otro negocio podría poner. Nunca me he conformado con lo mínimo; uno debe llegar a sus límites.

Pensé en poner una gasolinería, sin embargo, la franquicia era muy cara, a lo cual había que sumarle un terreno, bombas, pozos, infraestructura, etc. Después consideré un

Starbucks; no obstante, me dijeron del corporativo que no era factible para la zona.

Así continué, hasta que, en una plática con un amigo, éste me dijo: "Enfermos y borrachos siempre va a haber". Sin embargo, yo no quería poner cantinas, ni depósitos, ni nada por el estilo, así que esta área no me interesaba. Me decidí por los enfermos. Se me ocurrió poner una farmacia, aunque no sabía nada de medicamento, ni del ramo farmacéutico.

Elegí para poner mi negocio a El Espinal, Oaxaca, una población como de 8,000 habitantes; es un municipio muy pequeño, en donde el nivel socioeconómico es medio alto; habita gente muy educada, muy culta. No había Farmacias Guadalajara o del Ahorro, precisamente por ser una zona pequeña; por consiguiente, decidí que yo iba a hacerlo primero.

Comencé a imaginarlo todo: una farmacia bonita, en la que el cliente, al abrir la puerta, pensara: "¡Qué rico se siente!, ¡qué lugar tan tranquilo...!"

El Espinal es una zona muy calurosa, de 30 a 32 °C, así que decidí que el lugar contaría con aire acondicionado, tendría grandes letras que fueran hermosas y brillantes durante la noche, y que el personal estuviera bien vestido, con batas, recibiendo a la gente; visualicé los anaqueles por el piso de ventas, mientras la gente elegía sus productos. La idea ya estaba; ahora debía concentrarme en el tema de la marca.

Una farmacia iniciada desde cero no es factible porque debes registrar una marca, conocer del medio, tramitar los permisos de COFEPRIS (Comisión Federal para la Protección contra Riesgos Sanitarios), el permiso municipal, entre otras cosas.

Por esto, decidí poner una franquicia. Farmacia del Ahorro no me lo permitió, y yo no quise Farmacias Similares porque buscaba que se vendieran medicamentos de patente.

Luego, contacté a una farmacia que se llama Farmacias Iguales. Su franquicia era relativamente barata, de MXN$300,000 o MXN$400,000. Estuvimos a punto de firmar contrato; sin embargo, mi asistente, en el último momento, encontró una farmacia que se llama

FarmaSana, y está en la ciudad de Pachuca, Hidalgo.

Yo visitaba el municipio de Apan, Hidalgo, donde está la fábrica de cerveza de Grupo Modelo una vez al mes; entonces, consideré que podría aprovechar esta visita y de ahí ir a Pachuca, que está a 40 minutos, aproximadamente.

Fui a un primer acercamiento con ellos: me dieron precio de la farmacia, me lo pintaron agradable. Su encargada de franquicias, Lorena Núñez, fue la primera que me atendió. Pedí visitar dos o tres de sus farmacias para ver su ubicación y el concepto que tenían, cuál era su corporativo, y así determinar dónde iba a dejar mi inversión.

Regresé convencido de que podía ser una buena opción invertir en la franquicia. Tenía un terrenito en El Espinal y decidí que ahí pondría la farmacia; esto fue en el 2020, más o menos.

Todas las noches seguía deseando la franquicia. Yo entendía que debía pagarles regalías, pero ellos me daban un modelo de negocio más seguro — aunque **en este juego no hay nada seguro**—; ellos ya me brindaban un nombre, colores, una imagen corporativa totalmente consolidada, etc.

A veces quieres tanto algo, que al universo no le queda de otra más que dártelo; de verdad, **al desear tanto algo, se logra, lo atraes**.

Armé toda mi estrategia ante el directivo de la farmacia, José Luis Domínguez; me mostré como el empresario exitoso, el empresario joven, el empresario con el poder de adquisición que él necesitaba para venderle su franquicia.

Retomé una de las **recomendaciones previas: viste para vender.** Me presenté con traje, con mi mejor reloj, para generar confianza, venderle seguridad y decirle: *«¿Sabes qué? Yo sí puedo manejar la franquicia, la voy a hacer crecer».*

Acudí al terreno de El Espinal con el supervisor de la franquicia para un estudio de mercado: empezó a contar cuántos automóviles pasaban, cuántas personas caminaban por ahí, cuáles eran las competencias que tenían, los sitios que había cerca, etc. Inició alrededor de las ocho de la mañana y finalizó a las dos o tres de la tarde.

Fuimos a comer, y me dijo que aún no podía darme un resultado, pues debía calcular sus números. Al tercer día me pidieron una reunión; el directivo se dirigió a mí: «*Jairo, los resultados que arroja la investigación de mercado son negativos; entonces, definitivamente es una farmacia en donde no podrás generar ganancias, es un lugar donde no podrás invertir en una farmacia porque la gente tiene su centro comercial en Juchitán; no hay mucho tráfico de personas porque el lugar no está muy transitado; no está en una calle principal, está en una avenida; entre muchas cosas… El promedio de venta mensual que arroja el estudio para la farmacia es de MXN$60,000, lo cual no es suficiente. Tenemos que vender, al menos, MXN$80,000 para que en 18 meses llegues al punto de equilibrio*».

Me desilusioné y me puse triste, sin embargo, como lo he reiterado, muchos podrán no creer en mí, pero yo sí creo. Junto con la confianza en mí, mi otro pilar es Dios Todopoderoso y, como dice el refrán: **"La fe mueve montañas"**.

Así que me encomendé a Dios y decidí arriesgarme tomando en cuenta los datos que había investigado personalmente (algo que te comentaré más adelante). Le dije a José Luis que no importaba lo que decían los estudios: sí quería la farmacia. Me respondió que estaba bien, que era un riesgo que yo estaba tomando a conciencia.

Nuevamente, busqué financiamiento. A los tres días, la gerente de HSBC —Nancy Quiroz— me informó que tenía un crédito personal autorizado de MXN$1,500,000. Inmediatamente le dije que sí lo quería. Me sentí el hombre más millonario del mundo.

La franquicia me costó como MXN$250,000, más los medicamentos, serían MXN$800,000. Me sobraban MXN$700,000. Contraté un albañil para construir el establecimiento; el terreno ya tenía bardas, así que le pedí que solamente levantara unos muros, lo techara de lámina y listo. Así abriríamos la farmacia.

Sin embargo, el deseo fue creciendo y, de sólo querer construir un pequeño local para establecer la farmacia, soñé en construir un edificio que le diera personalidad y albergara la farmacia que anhelaba.

Al principio, el presupuesto de algunos arquitectos me asustó, pues sus precios eran elevados. Sin embargo, el Ing. Francisco Sánchez Santiago aceptó laborar en el proyecto con pagos semanales. Pusimos la primera piedra y **el trabajo para hacer el sueño realidad inició.**

Los gastos los cubría con las facturas que la cervecería me pagaba o me adelantaba. De esta forma, logramos construir la planta baja. Se me acabó el dinero, pero le pedí al ingeniero que lo dejara listo para dos plantas más.

Un amigo de esos tiempos me solicitó que le apartara la segunda planta para poner un spa. Yo le respondí que esa área la quería para mis oficinas, así que insistió, y me pidió que hiciera el edificio, entonces, de tres plantas. Lo consulté con el ingeniero y me indicó que sí se podía. HSBC me dio otro préstamo, con lo cual continuamos con la construcción.

El edificio se terminó porque **pudimos optimizar gastos contratando gente directamente, sin un intermediario o un constructor**. Siempre estuve atento a lo que el ingeniero nos indicaba, lo que necesitaba; nosotros buscábamos a la gente que lo apoyaría para reducir costos.

Finalizamos el edificio y la farmacia; todo quedó excelente; justo como lo soñé. La farmacia la inauguramos el 17 de agosto del 2021; lo recuerdo perfectamente.

La segunda planta ya no la utilizó mi amigo porque tuvo problemas personales. Así que a esta área le hicimos divisiones para formar cuatro cubículos. Uno de ellos lo renté como laboratorio. Los tres restantes los quiero rentar para consultorios, y así estaría en equilibrio el concepto: todo enfocado a la salud.

Este mismo amigo me sugirió poner un gimnasio en la tercera planta; me agradó la idea y me puse a trabajar en ella, ya que en esta población hay muchos profesionistas que les encanta hacer deporte y tienen gran pasión por el ciclismo, el atletismo, el béisbol, etc.

Yo no sé mucho del tema: qué equipos, aparatos, instructores, etc., pero sí sé de negocios y tenía la visión: sabía que podía funcionar.

Contacté a un primo de la Ciudad de México, quien es fisicoculturista y entrenador; le pedí ayuda para hacer del gimnasio y me respondió

96

que con mucho gusto. Él me ayudó a preparar el negocio para poder continuar mi sueño.

Mi primo me sugirió el nombre TI-FIT para continuar con las iniciales "T" e "I" de los primeros negocios. Le respondí que quedaba perfecto.

Pienso convertir este negocio en una franquicia, una cadena, con un concepto innovador, tecnológico, limpio, agradable, que sea ergonómico y confortable, al cual la gente quiera ir, no sólo porque hay pesas, sino porque realmente quieran vivir esa experiencia de la limpieza, de la salud, de la innovación y la tecnología.

Ya está casi listo; estamos esperando a que lleguen los equipos. Para lograrlo, nuevamente HSBC nos dio un crédito. Sí tengo deudas, pero

estoy construyendo algo, genero empleos y genero ganancias.

También se adaptó una terraza en el edificio; ahí tengo la idea de poner una cafetería muy agradable, donde haya música en vivo, quizás de saxofón, trompetas o guitarra; que el cliente llegue y pueda tomar un libro para que lo lea en lo que se toma una taza de café. Incluso ya pensé en un nombre: Coffee Book; creo que éste será el siguiente paso.

Yo creí en mí mismo cuando nadie más lo hizo, ni el propio director de franquicia por los datos que le arrojó el estudio del mercado, y la primera venta de esa farmacia fue de casi MXN$300,000: justo por eso, **no se debe perder la confianza en uno mismo.**

Hemos tenido meses buenos, meses muy bajos, sin embargo, no hemos generado menos de MXN$300,000 mensuales, cuando decían que no iba a vender ni MXN$80,000.

Actualmente, gracias a la intuición en los negocios, tengo **TI Clean, VitaLimp, TI-FIT y FarmaSana**, que la franquicia no es mía, pero la farmacia sí porque yo la compré, al menos por cinco años; ya después veré si continuamos con el nombre, o se lo cambiamos anteponiéndole una T y una I.

Gracias a esta valiosa experiencia en la que confié en mi intuición, quiero recomendarte lo siguiente:

- **Sé el mejor en tu emprendimiento y establece una diferencia:** no hagas lo mismo que la competencia.

- **Brinda un buen trato a tus clientes;** atiéndelos como a ti te gustaría ser tratado.

- **Enfócate en vender experiencias** y no en vender productos.

- **No tengas miedo al fracaso.** No todos los negocios pueden ser exitosos. Hay veces que podemos fallar en un emprendimiento, y el mundo no se acabará por ello.

- **Analiza las necesidades de la gente que te rodea:** ahí puede estar la idea de tu próximo negocio.

- **No te conformes con lo mínimo:** sigue emprendiendo, si te es posible.

- Busca el **bienestar** y **disfrute** de tus clientes.

- Visualiza tu proyecto y atrae: **sigue tu intuición en los negocios.**

- **Cotiza con diversos proveedores** para que encuentres alguno que se ajuste a tu presupuesto.

- Si no tienes conocimientos sobre un tema, **busca a alguien de confianza que te asesore.**

Importancia y análisis de la zona de emprendimiento

"Las grandes ciudades tienen mucha competencia; las

ciudades intermedias y poblaciones pequeñas ofrecen un

campo más amplio para crecer"

Jairo García

103

Cuando deseamos iniciar cualquier tipo de negocio, se debe tener en cuenta **qué servicio o producto vamos a vender y dónde se va a ofrecer**. Asimismo, es importante analizar cuál va a ser nuestro mercado meta, nuestro mercado objetivo. Posteriormente, se debe definir nuestro nicho de mercado.

Por ejemplo: tengo una idea, quizás deseo emprender con una tienda de ropa. Podré ser experto en el mercado de trajes de vestir, tendré mucho conocimiento de los tipos de tela, los modelos más vendidos, conocer qué está de moda; pero si pongo una boutique de trajes en el Istmo de Tehuantepec, es un negocio que va a estar destinado al fracaso porque ahí la gente no usa trajes. Cuando las personas de la localidad se visten formal, usan guayaberas, pantalón negro, y —en el caso de las mujeres— enaguas y huipil bordados.

Por lo tanto, no debemos escoger solamente un negocio porque no hay otro igual en una zona; se determina también **cuál es la cultura de la población, su ideología, sus costumbres**.

No obstante, hay negocios que son universales como, en nuestro caso, el servicio de limpieza. Se limpia en México, se limpia en Europa y en China. Obviamente aún no llegamos hasta allá, pero es un ejemplo de negocio que se puede ofrecer en cualquier parte del mundo.

La limpieza es la carta de presentación de una empresa, es la imagen de los corporativos e instituciones. Además, en mi caso, establezco el negocio donde haya empresas por limpiarse, las cuales requieran mis servicios.

Reflexionamos: ¿Cuál va a ser mi nicho de mercado? ¿Las empresas o las casas? En nuestro caso, elegimos las empresas, y hacemos limpieza corporativa: así se construye un **enfoque adecuado para nuestro negocio, sabiendo dónde y para quién vamos a ofrecer nuestro producto o servicio.**

Yo he visto muchos negocios interesantes que inician de cero; revisan sus instalaciones, sus productos, y todo queda muy bonito; sin embargo, a los dos o tres meses se van a la quiebra, fracasan. ¿Por qué? Porque **no planean bien, no hacen un estudio de mercado adecuado,** no analizan los factores que les menciono.

106

De igual manera, **se debe emprender un análisis de mercado, pero también conocer las necesidades del lugar.** En el capítulo anterior les comentaba del estudio que hicieron cuando yo quería poner la farmacia y me dijeron que la zona no era apta porque no había tránsito de personas.

Sin embargo, las personas que hicieron el estudio venían de Pachuca y no conocían la cultura, la ideología, las costumbres de la comunidad; no sabían que la población requería de una farmacia más cercana.

Además, yo sabía que iba a funcionar porque interrogué a la gente cercana al lugar. Los cuestionaba: ¿Qué le parecería una farmacia con estas características en este lugar?, y me respondían que les gustaría mucho porque el poblado más cercano con farmacia era Juchitán, a 7 u 8 km de distancia. Ellos gastaban MXN$20 en pasajes o MXN$50 de gasolina, más el tiempo de traslado. Entonces, se debe analizar **qué negocios no hay, pero que además éstos sean factibles para la población.**

También determina cuántas personas viven en la población, cuántas van a comprar o pueden estar interesadas en lo que ofreces, qué tipo de productos consumen; calcula, con esto, si tendrás margen de utilidad.

De igual forma, se debe considerar el segmento de mercado, hacia dónde vamos a dirigir el producto o servicio, el nicho de mercado: nuestro mercado meta u objetivo, y así saber previamente si puede o no funcionar.

Otro ejemplo: regresando a la ropa. Quizás ya no quiero vender trajes, ahora deseo poner una boutique de ropa infantil para niños de cero a 12 años; por tanto, debemos investigar cuántos niños, aproximadamente, hay en esa población, cuántas familias, cuántos hijos hay en cada una; asimismo, se **determina la clase socioeconómica,** porque, si queremos vender la ropa en más de MXN$2,000, y la gente no alcanza esa solvencia económica, pues no vamos a lograr venderles el producto.

Mucha gente tiene visión para los negocios, ganas, energía; no obstante, sólo se quieren enfocar en lo que son buenos sin hacer un estudio de la zona.

109

En las variables del *marketing mix* hay algunos términos conocidos como **las 4P del *marketing*,** que son:

- **Producto** (qué se vende, qué necesidades cubre, cuáles son sus características, qué valor ofrece al público);

- **Precio** (cuánto puede pagar el cliente, qué valor tiene el producto, en qué nivel puedo mantener este elemento);

- **Plaza** (cómo le hago llegar el producto o servicio a mi cliente o en qué lugar lo voy a ofrecer); y

- **Promoción** (técnicas y canales para dar a conocer el producto); estos elementos siempre se deben considerar en la creación de un negocio.

Les brindo otro ejemplo personal: yo no puedo ofrecer mis servicios y cobrar lo mismo en Tamaulipas, Oaxaca o Ciudad de México. Reynosa es una zona de alto riesgo por la inseguridad de la ciudad; por lo mismo, yo me resistí inicialmente a trabajar en este lugar. Hemos continuado, pero con determinados lineamientos.

Además, aunque se hayan eliminado las diferencias salariales (clase A, B, C, etc.) la comida, la renta, los pasajes, cuestan distinto en cada estado del país, y yo debo ajustar los salarios para que éstos sean competitivos, y mis empleados puedan cubrir sus necesidades. Si estandarizo mis costos, pueden quedar muy elevados o muy abajo, dependiendo de la zona geográfica, y puedo perder ganancias.

Con el tiempo, **he buscado gente que realice estos estudios para que establezcan los costos ideales.** En las oficinas se hacen los estudios de mercado desde una especie de *call center*. Las operadoras preguntan vía llamada telefónica si están interesados en X producto, cuánto ganan, cuánto gastan al día.

De igual manera, al contratar, les preguntan a los futuros empleados cuánto quieren ganar, por qué, cuánto gastan en renta, comida, transporte, luz, agua, etc. **Estos cuestionamientos son claves para determinar adecuadamente el salario en el caso de contratar personal de apoyo.**

Luego, si nos emplean en algún lugar, por ejemplo, Mérida, buscamos de qué región

112

geográfica contratar a los empleados. Si la fábrica está en una orilla de la ciudad, los trabajadores deben vivir lo más cerca de ésta para que sea más fácil y barato su traslado.

No vamos a contratar a personas del centro de Mérida, porque quizás sí acepten la vacante sin importar que hagan dos horas de traslado; no obstante, a las dos semanas, al mes, se van a ir ya que, probablemente, encuentren un trabajo más cerca y éste les convenga.

Una situación así representa pérdidas, porque se gasta en recursos humanos, en su selección, la capacitación, los cursos de inducción, uniformes, etc.

También con una empresa debidamente establecida se debe analizar el impuesto sobre

113

nómina que se paga, pues en el Estado de México, Yucatán, Chiapas, Oaxaca, Guerrero, Hidalgo, etc. manejan porcentajes diferentes. Oaxaca es uno de los estados con mayor porcentaje de impuesto sobre nómina, por lo tanto, los productos se venden un poco más caros.

Hidalgo maneja menos impuestos, así que se pueden implementar precios accesibles. Se debe hacer un mapeo y conocer la zona mejor que tu misma casa.

Un ejemplo final: en el Istmo de Tehuantepec no podría poner una distribuidora de pan Bimbo porque el producto sabe mejor fresco, y en este lugar los 365 días del año hay bloqueos carreteros por parte de grupos sociales, políticos, de distintos intereses, los cuales no permiten entregar en buenas condiciones el producto.

Esta zona es muy buena para los negocios, pero también debemos saber qué tipo de éstos poner para que, económicamente, nos convengan según su situación social.

En suma, al poner un negocio, considera estos aspectos:

- Define qué servicio o producto vas a vender y dónde se va a ofrecer. Establece tu mercado meta y tu nicho de mercado.

- Analiza también la cultura de la población, su ideología y costumbres.

- Haz un análisis de mercado de la mano con las necesidades propias de la población.

- Determina qué negocios no existen en esa zona y que son factibles para tu emprendimiento.

- Siempre considera las 4P del *marketing*.

En el siguiente capítulo vamos a abordar una parte fundamental de cualquier negocio. Es tan importante que, si en eso, tu negocio no podrá subsistir.

Aprende a vender

"Mantente cerca de tus clientes. Tan cerca que seas tú

el que les diga lo que necesitan mucho antes de que ellos

se den cuenta de que lo necesitan"

Steve Jobs

117

Miguel Ángel Cornejo, un famoso conferencista, autor de libros como *Estrategias para triunfar* y *El poder del éxito*, afirmó: **"Primero vendo, luego existo"**.

Partiendo de esta idea, tenemos que aprender a vender; si no vendemos, no existimos.

Si queremos poner un negocio y no sabemos vender, definitivamente otras personas no lo van a hacer por nosotros. Por lo tanto, **debemos tener esa filosofía, ese carisma de la negociación, de la venta, de la persuasión.**

Hace poco visité una empresa que le brinda servicios a parques eólicos; me solicitaron la instalación de cámaras de seguridad y les dije: «Yo les puedo ofrecer tres paquetes: Uno de

MXN$5,000; otro de MXN$10,000 y uno de MXN$20,000.

El primero es para competir con las demás empresas, pero realmente es demasiado básico y poco funcional. El segundo es básico y funcional. El tercero es el mejor: capta, incluso, placas automovilísticas, rostros, graba audio, registra imagen a 150 m, aguanta la intemperie, te va a durar diez años, etc. Entonces, **¿tú qué quieres? ¿Cuánto vale tu negocio? ¿Tu seguridad?**»

De lo anterior, se rescata esa parte de seducir y envolver al cliente para que reflexione mis palabras; que se cuestione: **¿Es caro el producto comparado con todos sus beneficios?**

Quizás, por economía, el cliente puede elegir el paquete de $5,000, pero éste no graba bien, no

119

tiene buena resolución; en una emergencia la imagen va a ser borrosa, no se va a escuchar nada. Así, ese dinero lo estaría tirando a la basura.

En cambio, puede hacer un esfuerzo e invertir MXN$20,000 en algo que cubra todas sus necesidades: **Nosotros seremos los encargados de hacerle ver por qué le conviene más el tercer paquete para que lo adquiera.**

A la hora de emprender un negocio, el enfoque, el *marketing*, debe estar orientado hacia los beneficios y satisfacciones del cliente.

Cuando compramos un refresco de la marca Coca-Cola pensamos en que sabe rico, nos va a quitar el calor, la ansiedad, la sed, el sueño, nos va a activar, y dejamos de lado los posibles riesgos a nuestra salud.

Está también la nueva normalidad a raíz de la pandemia por COVID que exige normas de cuidado, de higiene, de salud. Si ponemos un restaurante, no solamente debemos vender alimentos, debemos vender higiene y, para ello, cuidaremos a nuestros empleados, las instalaciones, la comida, etc. Si yo voy a un restaurante, y el mesero no tiene cubrebocas, me levanto y me voy, porque no están poniendo empeño en la **atención y cuidado al cliente.**

Un caso más: yo veo asesores de ventas en distintos negocios; supongamos una situación imaginaria: un vendedor de Chevrolet que llega a ofrecerme un vehículo, pero llega en un automóvil marca Nissan. Entonces, **no hay congruencia. El asesor debe usar su producto.**

Yo le pregunto a mi contadora qué cloro ocupa. Me responde con X marca; por lo tanto, yo le pido que compre la marca de la casa, VitaLimp y que, además, me brinde su crítica: le gusta, no le gusta, qué mejoraría, etc.

El juez inicia por su propia casa, por eso **debemos conocer bien nuestro producto:** cuánto cuesta, cuáles son sus características, por qué es un producto competitivo.

Igualmente, como proveedor de otros servicios, quizás no tengo una marca propia, pero puedo recomendar los productos de otras personas que a mí me gustan y en los cuales confío, porque los he probado y puedo dar fe de su eficacia; a menos que el cliente me pida una marca en específico, pero —de igual manera— si no la consigo, tengo opciones por ofrecerle.

También imparto clases y, un día frente a un grupo, les dije: «Necesito tres voluntarios que quieran exentar la materia». Era la materia de Mercadotecnia y publicidad, si no recuerdo mal. Una vez que elegí a los tres voluntarios, les solicité que uno vendiera flores; otro, chicharrones; y el último, aretes.

La respuesta general fue que ellos nunca habían vendido algo y no sabían cómo hacerlo. **Los invité a salir de su zona de confort, animarse, buscar ideas y dar lo mejor de sí.**

Muchos padres no enseñan a vender porque no quieren que sus hijos sean vendedores; incluso, demeritan estos emprendimientos. Pero, en realidad, pasa lo contrario: **mi mamá me enseñó a vender diferentes productos, a tener visión, a pensar en cómo generar ganancias, lo cual me ha llevado hasta el lugar en el que me encuentro hoy.**

Alguien me preguntó si vendía botas de seguridad, e inmediatamente le dije que sí y le di características: tienen un año de garantía, de tal color, con X usos. Quizás aún no tengo las botas, pero ya aseguré la venta, solamente es cosa de buscar el producto. Con esto, quiero llegar al punto de **que debe existir un amor por las ventas;** si no nos gusta vender ni tratar con los clientes, es mejor buscar otro tipo de trabajo.

Esto me recuerda a otro caso: conozco a un asesor de ventas que trabajaba en Banorte; ahí me vendió un crédito. Luego, se fue a laborar a una empresa de mezcal; me quería vender una cuenta mezcalera en la que yo pagaba MXN$200,000 y, en siete años, recibiría un millón de pesos, pero no acepté porque me pareció un negocio de mucho riesgo.

Después, se fue a Seguros Monterrey, en donde me vendió un seguro personal. Posteriormente, se fue a Inbursa y me hizo adquirir una cuenta con una terminal bancaria.

De cuatro productos que me ha ofrecido, me convenció de adquirir tres. Tiene tanta pasión por las ventas, por su trabajo, que, si mañana se va a una agencia automotriz, seguro me vende un auto: **Ésa es la importancia de saber vender, y, además, disfrutarlo.**

125

Como menciono en los primeros capítulos, yo trabajé como agente de ventas de Coca-Cola. Me dieron la ruta de Ciudad Ixtepec, Oaxaca. Ser su agente era complicado, porque Pepsi-Cola, por cada MXN$1,000 de producto que tú vendías, la empresa te regalaba MXN$200; mientras que Coca-Cola no ofrecía ningún tipo de incentivo.

Por tanto, agente de ventas de Coca-Cola que llegaba a Ciudad Ixtepec, agente de ventas que despedían porque no llegaba a los números de venta.

Yo no quise ser ese tipo de agente que trabaja sólo por los incentivos; a mí me gustaba mi labor, así que empecé a incorporar cambios: Movía los enfriadores a la parte de enfrente, para que la gente viera el producto y se le antojara; entonces, cuando las personas llegaban a la tienda de abarrotes, lo primero que veían era el enfriador lleno.

Yo llegaba a la tienda, iba a la bodega, sacaba todos los refrescos y los acomodaba con rotación: lo de atrás se pasaba enfrente y lo nuevo se ponía atrás.

Se les acababa el refresco en bodega, así que los dueños pedían más producto. Sí era más trabajo para mí, sin embargo, me gustaba hacerlo.

Podemos resistirnos al trabajo, a no cansarnos; no obstante, es importante cambiar esta mentalidad.

Había una señora que tenía una tienda llamada "El Cortijo". Su refrigerador de Coca-Cola era grandísimo, pero no tenía ningún refresco; estaba lleno de repollo, pescado, huevo, etc. Le indiqué que iba a retirarle el enfriador, porque no lo estaba utilizando para el producto, y se lo dejaría sólo si vendía las bebidas correspondientes. Llegamos a un acuerdo; también es fundamental **el diálogo**, así que le presté un tercio del enfriador para sus alimentos, y el 60% restante debía contener el refresco para venta.

Debemos tener esa pasión por vender, por hacer acuerdos, por atraer vendedores y clientes, porque no solamente estamos dando un producto a cambio de dinero, **estamos satisfaciendo una necesidad y ayudamos a que esa persona esté contenta.**

Les comparto aquí otra anécdota la cual me gusta mucho incluir también en mis conferencias de negocios: Fui a un restaurante de la ciudad de Puebla en la zona más exclusiva.

Llegué con mi mochila; el mesero me la retiró amablemente y la puso en el perchero. Acomodó mi silla, me puso la servilleta, me sirvió una copa de vino, colocó la botella en la mesa, me sirvió un vaso con agua y me preguntó en qué podía servirme. La atención fue totalmente personalizada, y la comida fue exquisita.

Pagué una cuenta de MXN$1,800, y es un lugar al que seguramente volvería a regresar. No se me hizo caro, porque me brindaron una excelente atención, fueron amables y cumplieron con todas mis expectativas.

¿Qué pasa, por ejemplo, en restaurantes económicos? Los meseros te tratan mal, te hacen muecas, no te atienden de inmediato, el lugar es sucio, etc. Entonces, aunque pague un platillo de MXN$200, se me hace caro, porque no tienen pasión por las ventas, no poseen el gusto de la atención al cliente.

Cuando alguien me pide la instalación de una cerca, esa persona no la solicita porque quiere ver alambre alrededor de su casa; me la está pidiendo porque quizás ya le intentaron robar, o al vecino o a la comadre, y tiene miedo de su seguridad.

Así, yo le ofrezco una cerca, pero ¿de qué calidad? Les pregunto a mis clientes: «¿Cuánto vale su seguridad, su vida y la de su familia? ¿Quiere una cerca de MXN$10,000, MXN$20,000 o MXN$30,000? Usted dígame el precio de su seguridad».

Algunos dicen que son juegos psicológicos, psicología inversa, que manipulo a la mente, pero no es cierto, sólo los llevo a reflexionar acerca de cuánto valoran su seguridad y su vida.

Por ejemplo, con mis servicios de limpieza, indago con ellos: «¿Cuánto vale tu imagen? ¿Cuánto vale que un cliente entre a tu baño, esté sucio y se vaya? A mí déjame esos detalles; yo me encargo de dejar tu baño limpio, brillando, de tu imagen institucional, y tú ocúpate tranquilamente de cerrar las ventas».

En este sentido, en cualquier producto o servicio que ofrezcas, debes poner pasión al ofrecerlo, debes conocerlo, debes estar convencido de sus cualidades. Ya lo dice el refrán: **¿Qué panadero habla mal de su pan?** Entonces, debemos estar convencidos de que realmente lo que estamos vendiendo vale el precio que le pusimos y por qué.

Un último ejemplo: Algunos días atrás platicaba con amigo Celestino Gómez, quien es el Subsecretario de Economía del estado de Oaxaca. Me aconsejaba: *«Amigo Jairo, en un negocio no solamente debes vender servicios; también debes hacer amistad»*.

Me parece una reflexión muy atinada: cuando cierro un trato con amabilidad, estrecho relaciones, y no hice solamente un cliente, gané un amigo. La confianza que el cliente deposita en mí, las relaciones que pueden surgir... No hay valor monetario que se les pueda poner a esos vínculos.

Es un plus, un extra, porque en otros negocios llegas, te venden y te vas. Son personas que, al no tener buena interacción, ya no regresan al negocio; en cambio, si forjas una amistad, además de clientes, obtienes buenos amigos.

132

Por eso, es importante aprender a vender considerando lo siguiente:

- Ten **amor** por las ventas y **gusto** por el trato al cliente.

- Para vender, hay que tener **carisma** en la negociación y saber cómo **persuadir** al cliente.

- Dialoga con tu consumidor; conócelo y haz que **note las necesidades que ellos no sabían que tenían.**

- Un primer requisito para contratar un **agente de ventas es que él use el producto, para que me brinde un testimonio real y confiable** de lo que ofrece.

- Debo saber **ofrecer mi producto,** así como **cautivar** y **convencer** al cliente de que es justo lo que necesitaba.

- Cuando nosotros ofrecemos un producto o servicio, debemos ponernos en el lugar del cliente, satisfacer sus necesidades, **tratarlos como a nosotros nos gustaría ser tratados.**

133

- No hay precio para el gozo que se logra cuando se brinda **atención personalizada a los clientes.**

- Para aprender a vender, tienes que poner atención y **conocer perfectamente a tu producto;** cuidar al cliente y a tus empleados.

Quizá estarás pensando: "Jairo, ¿dijiste empleados? ¿Necesito tener empleados...?".

Te explico a continuación por qué se requieren en cualquier negocio que espere tener éxito...

Delegar

"Asigna responsabilidades y brindar importancia al resto

del equipo"

Jairo García

Cuando iniciamos un negocio, **delegar es muy importante.** Al inicio de los emprendimientos, nosotros queremos jugar el papel de todos los empleados para ver ganancias: tú eres el director, el gerente, el coordinador, el jefe, el empleado, el contador, el de limpieza: tú eres todo.

Así era yo al inicio: emitía facturas, revisaba cuentas, llevaba mi control de contabilidad, hacía la limpieza, instalaba las cámaras de seguridad, arreglaba las luces de la oficina, era el chófer, con los clientes me presentaba como el director y socio mayoritario, etc. Y así trataba de llevar el trabajo.

Yo me cuestionaba: ¿Qué caso tiene pagarle MXN$15,000 mensuales a un contador si yo puedo hacer de forma básica esta labor? Sin embargo, en mi primera declaración de impuestos hubo diversos errores, y me costó muchos miles de pesos solucionarlo. Sí tenía un contador que me asesorara, pero solamente una vez al mes.

Los problemas sucedieron porque, como he explicado, muchos de los emprendimientos no tenían capital para pagar nóminas, y los bancos ya no me querían prestar porque no tenía suficiente capacidad crediticia. Empecé a recurrir a amigos: uno me prestó MXN$500,000. Lo metí a la cuenta en efectivo, y el contador me dijo que estaba bien.

Mi compadre me prestó MXN$400,000. Un amigo que tiene tres empresas me hizo tres préstamos (uno de cada una): MXN$500,000, MXN$ 600,000 y MXN$1,500,000. Todo se metió a la misma cuenta y nunca enteré al fisco.

Como no tenía un contador que me asesorara todos los días, se cometió ese error; Hacienda lo detectó como ingresos y no como préstamos. Entonces, por ahorrarme el sueldo del contador mensual tuve problemas fiscales. Gasté tiempo, dinero y esfuerzo para demostrar al SAT que fueron préstamos y no ingresos. Como les decía, todo esto me ha costado mucho dinero por no querer contratar a las personas adecuadas.

Hay una frase muy trillada de los pueblos que, en realidad, tiene mucha razón: "**Cada chango a su mecate**"; **es decir, cada quien debe enfocarse en lo que es experto.**

Así, mi contadora se enfoca únicamente en los temas contables; mi encargada de Recursos Humanos recluta a la gente, hace exámenes, realiza bajas y altas de personal, imparte la capacitación y la inducción; la chica de ventas se dedica específicamente a tratar con los proveedores, a llevar las cuentas con ellos; la recepcionista está a cargo de recibir a los clientes, atender llamadas; el despacho jurídico nos asesora y capacita en temas legales; el despacho contable externo supervisa que los contadores estén haciendo bien su trabajo.

Por lo tanto, se preguntarán: **¿Cuál es mi función?** En mi caso, es dirigir, abrir y cerrar negocios, ganar proyectos y, por supuesto, delegar a personas expertas el trabajo que a mí no me corresponde. Yo no me preocupo si pagan la nómina o no; yo sé que los encargados lo van a hacer.

Sólo me preocuparía si ellos me dijeran que los fondos están a punto de acabarse; ahí sí debo cumplir mi papel.

No olviden que el fisco es un socio, y el IVA correspondiente se tiene que pagar sí o sí. Yo me acuerdo que, en una venta de MXN$200,000, nosotros debíamos pagar MXN$32,000 de IVA, y yo no quería, pues me parecía demasiado dinero. Pero aprendí a golpes, a la mala, que ese dinero era del fisco sí o sí. Se debe pagar, para llevar los negocios adecuadamente, el impuesto sobre la renta, la nómina, el seguro social, las cuotas de INFONAVIT, etc. Y, después de deducir esto, todavía obtener ganancias.

Al platicar con un amigo que también instala cámaras, él me decía que colocaba cuatro cámaras por MXN$6,000, mientras que yo lo hago por MXN$12,000. Le pregunté cómo le hacía para darlas tan baratas. Me respondió que él realizaba la instalación, llegaba en un mototaxi al sitio y ya.

Por otro lado, yo le expliqué que, en mi caso, se paga el seguro social de mi técnico, INFONAVIT, la renta del vehículo en que se transporta, refacciones, gasolina, prestaciones, bonos, comisiones; en la oficina se paga luz, agua, contador, impuestos, etc. Con MXN$6,000, el negocio no se podría mantener.

Muchos cobran barato porque ellos hacen todo; yo también estuve en su lugar. Aprendí, tarde, que así no puede funcionar un emprendimiento.

141

Ya tengo bien establecida una estructura organizacional en donde cada elemento funciona adecuadamente. Por ejemplo, el sueldo lo determina Recursos Humanos. No se paga más o menos, aunque sean conocidos o amigos míos. Hay políticas internas que rigen estos asuntos. Asimismo, si hay aumentos salariales, el cálculo se hace de igual forma para todos, proporcionalmente, para no afectarlos.

Cada departamento tiene sus propias funciones. Tengo un coordinador por zona del país; ese coordinador debe reportarse con un gerente operativo, el cual se reporta conmigo para que yo pueda estar enterado de lo que sucede. A mi contadora la interrogo sobre cuánto dinero ingresó, cuánto salió y cuánto ganamos:

solamente me interesan esos factores. Del número final me va a decir si éste es rojo o verde.

Un libro que cambió mi manera de concebir los negocios fue *Padre rico, padre pobre* de Robert Kiyosaki. En esa obra, el autor habla del **cuadrante del flujo del dinero:** en el primer cuadrante están los empleados; en el segundo, los autoempleados; en el tercero, los empresarios-dueños de negocios; y en el cuarto, los inversionistas.

Yo ya me considero un dueño de negocio porque salgo de viaje, la empresa sigue trabajando y estoy generando. Sin embargo, un doctor que da consultas, solamente genera cuando está en su consultorio dando servicios. Pero puede convertirse en dueño, cuando tiene, por ejemplo, cinco consultorios rentados, dos quirófanos y gente trabajando ahí esté o no esté él.

Evidentemente, me gustaría llegar algún día al último cuadrante, donde están los inversionistas, que pueden ir a la playa, en Miami, y ahí, descansando, cotizan en la bolsa de valores.

Pero, para avanzar de cuadrantes, debemos iniciar por esa pequeña palabra: "delegar"; tenemos que aprender a soltar, definitivamente.

Se cometerán errores, sí, seguramente, pero también debemos cuidar la salud mental: no podemos llevar todo el trabajo. Yo trabajaba diariamente desde las 8 a. m. a las dos o tres de la mañana del otro día, para cumplir con las

144

labores de las cuales quería hacerme cargo: realizaba la limpieza, luego instalaba cámaras, al regresar atendía correos y cotizaciones, etc., sin embargo, una vida así te deteriora y te frena.

Hay personas que abren una boutique y se quedan ahí, atendiendo 10 a 12 horas, sin hacer nada, sólo esperando. Les falta visión. Hay otros que son empleados, ganan MXN$200 para la comida y viven al día, y con eso se sienten satisfechos.

No obstante, el mundo sigue girando afuera; las oportunidades están en el exterior.

Yo salgo, toco puertas, y no únicamente las toco, hago que se abran; tengo un equipo y a diario hablo con ellos, les explico que confío en ellos y que vamos a seguir adelante.

La edad de los integrantes de mi equipo es de 30 años, en promedio. La gente mayor, a veces, ya tiene un sistema de trabajo e ideas que son difíciles de modificar. La gente joven aprende, se moldea, emprende, tiene visión.

Es como en la casa, los hijos se adaptan, se parecen a nosotros, adquieren nuestros conocimientos. De esa misma manera funciona el **aprendizaje corporativo:** enseñamos planes de contingencia que nos ayuden a salir a flote.

Un ejemplo: el caso de las instituciones escolares. Muchas de éstas nunca pensaron que iban a pasar de lo presencial a lo híbrido o a lo virtual. No tenían plataformas. El director cumplía con su labor, pero además era docente de muchos grupos y también era el de sistemas; entonces, con el cambio de modalidad, se desquiciaron y cerraron. No pudieron implementar plataformas para clases en línea. **No buscaron gente experta que los apoyara en este proceso, no supieron delegar.**

A Henry Ford lo llevaron al estrado acusándolo de ignorante, pero él respondió que no necesitaba conocer de todo, porque tenía a la persona correcta experta en cada tema.

Yo busco personas inteligentes para que se encarguen del área que requiero. Les pido que me envíen copia de los correos electrónicos para que esté enterado de lo que pasa en la empresa. Les pregunto cómo hacen X cálculo numérico, qué hacen en su puesto. No para hacerlo yo, solamente para estar enterado.

Tengo un amigo que tiene dos clínicas ortopédicas. Mandó a su esposa a estudiar contabilidad para no pagar una contadora. Ahora, ambos trabajan de 8 de la mañana a 8 de la noche de lunes a domingo; él, dando consultas; y ella, haciendo la contabilidad. Ahora, ya poseen más clínicas, pero no contratan a más gente ni dejan los negocios, solos porque tienen miedo de que les roben, de que sus empleados no hagan las cosas bien. Ponen en práctica la errónea frase de: "Si quieres hacer algo bien, hazlo tú mismo".

Somos humanos, nos equivocamos y cometemos errores, pero no por eso vas a estar en la oficina revisando todo.

Así que, de la mano con delegar, también debe ir la confianza en los empleados. Sí me ha pasado: he dado confianza y la han traicionado y han hecho fraudes. No obstante, no queda de otra más que confiar sí o sí. De lo contrario, con tanto trabajo, terminas estallando y te vuelves loco tratando de controlar todo.

Hay días en los que llego a la oficina y me pongo a escuchar las conversaciones a mi alrededor; observo cómo se mueven las personas, cómo trabajan, y nadie pierde el tiempo.

Mis empleados lo tienen muy claro: yo no quiero que laboren por tiempo; yo quiero que trabajen por resultados. A veces, alguien me dice: «*Ya terminé mis pendientes. ¿Me puedo retirar?*». Les contesto que sí, ¡adelante!

Pero hay otros que toman tres horas de comida, dos horas para regresar, así que ya

149

perdieron cinco. Quieren trabajar en la noche y desean que les pague el taxi de regreso a sus hogares; no se puede laborar así.

Si otros empleados, con tiempos y tareas específicos, me indican todo lo que hicieron y se quieren quedar más tiempo a trabajar, claro que les pago el taxi y la cena. No obstante, si sólo platican y pierden el tiempo, no es posible.

Mi gente lo tiene entendido: a la gente trabajadora, la apoyo; si me piden permisos, se los doy, pero siempre mostrando sus resultados.

Sólo que una cosa es que me pidan permiso; otro asunto que la operación se pare. La operación no se puede detener: somos una empresa de limpieza y trabajamos 24 horas, 7 días a la semana.

En las fábricas, trabajamos 24/7, incluyendo días festivos. La farmacia la tenemos trabajando 16 horas, 7 días a la semana; pronto va a ser 24 horas, 7 días a la semana, porque vendemos salud, vendemos medicamento.

Todas las empresas hacen su cena de Navidad exactamente en diciembre. Yo me pregunto: ¿Por qué no dan gracias a mitad de año? Avanzamos los primeros seis meses, nos reunimos y analizamos nuestros propósitos para los siguientes seis meses.

Nosotros realizamos un pequeño convivio en el mes de julio de cada año, precisamente para hacer una memoria fotográfica, un recuento de los primeros seis meses del año. Quizás se organice una taquiza con un DJ, para que los empleados bailen y disfruten. **Pero todo se logra con el trabajo en equipo.**

Nosotros, como líderes, tenemos que saber a quién delegar. ¿Nos vamos a equivocar? Claro que sí; definitivamente, Pero como expresaba *supra*, **los ganadores no perdemos: o ganamos o aprendemos de nuestros errores.**

En resumen, no olvides los consejos anteriores:

- **Delega** el trabajo a personas expertas.

- Ten tu **negocio en regla;** para ello, busca personas expertas en el área.

- Si queremos hacer de todo, tarde o temprano no vamos a rendir y se producirán problemas; **busca apoyo** en el negocio.

- **Forma un equipo de expertos** en diversas áreas que te asesoren en temas sobre los cuales no tienes muchos conocimientos.

El mayor villano en la vida de cualquier emprendedor es SU MENTE.

La habilidad de controlar tus pensamientos es tu prioridad para llegar al siguiente nivel.

Y, si puedes controlar tu mente, puedes considerarlo como un "superpoder".

La siguiente sección de este libro te enseñará las claves para tener una mente sana en un cuerpo sano.

Activa tu cuerpo y tu mente

"Somos lo que comemos, lo que bebemos y pensamos"

Hipócrates

Creo que los seres humanos, yo también me incluyo, tenemos mucho estrés concentrado en el cuerpo. La mejor manera de canalizar este estrés y mantenernos saludables es haciendo ejercicio. Hay que verlo como un área de oportunidad y no como pérdida de tiempo: **Haz ejercicio, ¡actívate!**

Yo trato de hacer ejercicio cinco días a la semana; además, llevo muchos años corriendo y tengo más de veinte medios maratones y seis maratones: corrí cuatro en la Ciudad de México, uno en Aguascalientes y otro en La Habana, Cuba. Ya estoy entrenando para mi séptimo maratón.

Esto me mantiene activo, me hace sentir joven. No bebo, no fumo. Sí me desvelo por el trabajo, pero esto ha sido parte del establecimiento de los negocios; no obstante, si trabajando, puedes dormir bien, es lo mejor que harás por tu cuerpo.

Un cuerpo sano te llevará a tener una mente sana; y una mente sana cuidará más de su cuerpo. Fortalece tu mente todos los días. Evalúa tus creencias cada mañana. Empapa tus pensamientos de cosa buena cada noche, cada día. Por lo mismo:

Hazte adicto al conocimiento. Siempre ten ganas de saber más.

Yo me estoy volviendo adicto al conocimiento: estudié dos carreras, cuatro maestrías, un doctorado y estoy por terminar otro. Mientras redacto estas líneas, estoy considerando inscribirme a una maestría en Ciencias Políticas.

Cuando leo a un autor que me gusta y percibo todo su conocimiento, me pregunto: ¿Qué he hecho para no saber nada de lo que esta persona sabe? Debemos salir de la zona de confort; ésta es la peor consejera que nos conducirá al fracaso.

Leer, seguir estudiando, aprender, encontrar un mentor, salir de la zona de confort, todo esto nos conducirá al éxito.

El amigo de un amigo hizo una empresa y le fue muy bien. Comenzó a crecer de la noche a la mañana; después, supe que ya tenía tres o cuatro empresas, pero estaban en etapa de crecimiento. Ya en su etapa de madurez, inició a gastar mucho, a comprarse camionetas Suburban blindadas, a viajar a otros países, a comprar ranchos; así, descapitalizó a las empresas y todo lo perdió.

Incluso me quedó a deber una factura de tan sólo MXN$2,800.

Mi amigo Celestino siempre me ha recomendado ser compartido y regalar un poco del conocimiento que poseo; no obsequiar dinero, sino enseñarles el camino para que ellos obtengan sus ingresos. Eventualmente, es lo que trato de hacer con este texto, compartir mis experiencias para guiarlos en este proceso.

Esto me hace recordar otra anécdota: el ingeniero Ignacio Chávez Torres se presentó en el año de 1996 a dar una conferencia al CONALEP donde yo estudiaba la preparatoria. No recuerdo acerca de qué tema habló, pero me acuerdo de una historia que contó, la cual comparto a continuación:

Una mujer le pide a su marido:

—Oye, mi amor, ¿por qué no arreglas el lavabo?

El marido contesta:

—Yo no soy fontanero; háblale a un fontanero.

La discusión continúa:

—Oye, amor, ¿por qué no arreglas la lámpara del cuarto?

—Yo no soy electricista; llama a uno.

—Oye, amor, ¿por qué no podas el pasto?

—¿Qué? Yo no soy jardinero.

—Oye, amor, ¿por qué no pintas el cuarto?

—Llama a un pintor.

Un día, el marido llega a la casa y se encuentra con las reparaciones listas, así que pregunta:

—Mujer, ¿cómo lo has arreglado todo?

—Pues le pedí ayuda al vecino y lo arregló todo.

—¿Y cuánto te cobró?

—Dejó que escogiera entre hacerle un pastel o irme a la cama con él.

—¿Y le hiciste el pastel? ¿Verdad?

—Pues no; yo no soy repostera, pero ya quedó todo arreglado.

El ingeniero, y amigo, que narró la historia nos explicó la moraleja: **tienes que hacer de todo, conocer y no rendirte.**

Cuando estuve en Coca-Cola recibí críticas que me marcaron. Me decían: «¿Para eso estudiaste? ¿Para vender refrescos?». Pero, gracias a esa empresa, mi crecimiento fue muy grande ya que aprendí muchos de los consejos que hoy pongo en práctica. Ellos me forjaron y, después de 20 años, valoro eso.

Aprecio las capacitaciones, las recomendaciones de cómo atender al cliente, cómo aumentar las ventas, cómo superar las cuotas del mes y del año, cómo buscar nuevos clientes, cómo abrir mercados, cómo cuidarse de la competencia, entre otros muchos aprendizajes.

Esas palabras son conocidas como *benchmarking* de ventas, a partir de las cuales te potencializas, refuerzas tu discurso, adquieres competencias, etc. Esto me ayudó para trabajar en la cervecería, en los procesos y formatos que llevamos y en otras cuestiones relacionadas con mis negocios posteriores.

En resumen, hay **nueve puntos a considerar** de los capítulos anteriores para avanzar en los negocios:

1. Establecer procesos

2. Contar con pilares y personal confianza

3. Compartir la visión

4. Supervisar

5. Dar ejemplos a los empleados

6. Pagar por metas, no por tiempo

7. Aceptar los errores como una enseñanza.

8. Designar parte de los ingresos para compartirlo con los más necesitados.

9. Fomentar la educación, así como el trabajo físico y mental.

Afirmaciones para alcanzar el éxito

La repetición diaria o continua de las siguientes afirmaciones te conducirán al éxito:

1. Para tener éxito, el primer paso es creer y decidir que lo vamos a lograr. Debemos repetirnos a diario: **Soy una persona excepcional, soy un hombre/mujer increíble** y vine a este mundo para hacer y lograr grandes cosas.

2. **Soy un triunfador, tomo mis propias decisiones y fijo mis metas.** Yo soy quien decide o quien determina la velocidad y la dirección de mis acciones, sin esperar a que otras personas hagan lo que yo tengo que hacer.

3. **Estoy seguro de que mis seres queridos entienden mis objetivos y me apoyan en el proceso.** En ocasiones, olvidamos llamar a nuestros familiares o visitarlos, pero debemos perdonarnos estas omisiones; ellos entienden que estamos en un proceso, persiguiendo nuestras metas.

4. **Soy un profesional exitoso.** Debemos creernos esta frase. Ese éxito será el resultado de todos los compromisos y la disciplina que ponemos en nuestra vida.

5. **Siempre hay que disfrutar estar en el camino de la búsqueda de oportunidades** y, cuando las encontremos, debemos aprovechar lo que la vida nos ofrece.

6. **Mi grandeza comienza en mi forma de pensar;** por lo tanto, soy digno de todo aquello que creo merecer. Lo grande que puedes llegar a ser depende mucho de tu pensamiento.

7. **Tengo muchas cualidades**; soy poseedor de muchos talentos, aptitudes habilidades, destrezas, y cada día descubro nuevas capacidades; además **soy muy inteligente y mi mente es rápida**; ésta siempre está alerta.

8. **Soy bueno en el objetivo que elegí, soy excelente desarrollando mis decisiones para llegar a la meta**: nací único, nací con cualidades que nadie más puede tener.

9. **Uso mi mente en el mayor potencial posible;** cultivo mis ideas y pensamientos. Leo y aprendo cosas nuevas.

10. **Poseo una gran memoria**, ya que es mi mejor aliada en mi desarrollo; me ayuda a recordar y programar los hábitos de éxito que algún día lograré; me permite alcanzar mis metas y mis objetivos; me libera de los obstáculos que yo mismo podría poner en mi camino, en mi mente.

11. No existen malos pensamientos; **sólo se albergan buenas ideas y pensamientos positivos en mí**; por lo tanto, siempre me van a mostrar la mejor ruta.

12. Siempre manifiesta una sonrisa en el rostro: **Sonrío siempre porque soy feliz en mi**

interior, y esta felicidad interna también se muestra en el exterior.

13. **Brindo importancia a todas las personas que me rodean**; si puedes ayudarlos, hazlo, siempre y cuando te sea posible.

14. Al levantarte, repite: **Hoy es un gran día, hoy voy a tomar la decisión que va a cambiar mi vida,** hoy voy a dar el 100% de mí mismo en todo lo que estoy realizando y en todo lo que haré. **Todo lo que haga hoy lo voy a disfrutar como si fuera el último día de mi vida.**

15. **No puedo permitir que los problemas frenen mi camino hacia el éxito.** No puedo permitir que los problemas me depriman y detengan mis pasos.

16. **Si alguien de los que me rodea toma alguna actitud negativa, inmediatamente tomo distancia** y busco concentrarme

realmente sólo en **lo bueno que alguien pueda generar**.

17. **Voy a administrar mi tiempo para tener horas libres**, las cuales dedicaré para hacer cosas que sean importantes, aquellas cosas que el dinero no puede comprar. **Me brindaré un tiempo para mí mismo**, para hacer ejercicio, cenar con mis amigos, platicar, hacer una llamada a mis seres queridos, ver una película, descansar, relajarme...

18. **Para tener éxito, el descanso y la relajación son fundamentales**; éstos me van a asegurar que siempre tendré la cabeza fría y voy a pensar analíticamente antes de actuar frente a un problema.

19. **Trato de no estresarme.** Debemos ser maduros para saber por cuáles hechos vale la pena estresarnos y cuáles no.

20. **Todos tenemos miedos, pero yo no permito que el miedo se apodere de mí.** El miedo existe; sin embargo, mi confianza o **la confianza en mí mismo es más fuerte que el miedo.** Siempre estoy alerta para enfrentar cualquier situación en el ámbito empresarial.

21. **Mi estado físico y mis metas van de la mano.** Hago ejercicio y activo mi cuerpo; lo cuido y le agradezco, porque gracias a él puedo levantarme a diario y realizar diversas actividades. Amo estar siempre en buena forma. Si corro 5, 10, 15… kilómetros al día, me sorprendo de que mi cuerpo me responda, aun cuando mi mente dice que ella ya no puede.

22. **Me alimento sanamente y bebo únicamente lo que me va a dar buenos resultados.** A mi cuerpo lo cuido, porque es el único que tengo; es el único lugar en donde vivo.

23. Estoy en mi peso ideal o trato de estar en mi peso ideal; investigo cuáles son estos datos, y luego trato de estar en ese margen y no entrar al sector de la obesidad. **He aprendido a verme a mí mismo de forma saludable y en perfecto estado físico; y, sobre todo, a ser feliz**

24. **Los vicios como beber, fumar, ir a fiestas, nos llevarán al fracaso.** Una persona de éxito elimina de su vida estos distractores de tiempo.

25. Siempre le digo frases positivas a mi mente: **Tú puedes, eres el mejor (o la mejor), no te rindas, ya falta poco;** si te rindes ahora, de nada servirá todo el esfuerzo.

26. **Cuando emprendo algo, siempre visualizo mentalmente los resultados** — en términos financieros— de lo que puedo lograr. Esto es importante porque tener una visión clara de qué queremos lograr nos

tiene que dar la fuerza y la motivación para trabajar todos los días hasta alcanzarlos.

27. **El dinero es una herramienta para efectuar cambios positivos en mi vida y en las personas que me rodean.** Éste tiene que ser un instrumento que yo pueda manejar, y no al contrario.

28. **Emprender un negocio debe ser sinónimo de buscar libertad financiera;** es decir, como lo dice Robert Kiyosaki en su libro *Padre rico, padre pobre*, hay que utilizar el cuadrante del flujo del dinero (visto en capítulos anteriores): en el **primer** cuadrante están los empleados; en el **segundo**, los autoempleados, que son aquellos que tienen un negocio, pero lo están atendiendo todo el tiempo y, si tienen que moverse o salir, el negocio se cierra; en el **tercero**, los dueños que, aunque estén fuera, el negocio sigue trabajando porque tienen a otras personas trabajando a su

cargo; y en el **cuarto**, los inversionistas, que son aquellos que invierten en la bolsa de valores. Entonces, nuestro objetivo al iniciar un negocio debe ser alcanzar los cuatro cuadrantes. **Por más pequeño que sea el negocio, el sueño debe ser muy grande.**

29. **Tengo mucha educación financiera o soy responsable financieramente;** significa que debo administrar el dinero y no debo recibir un dinero e inmediatamente gastarlo en algo que no nos reditúe.

30. **Haz buen uso del financiamiento.** Recuerda: esto significa obtener un capital, un préstamo, que te permite impulsarte y llevarte hacia tu objetivo o tus metas; sin embargo, estos créditos los tenemos que manejar correctamente, de tal forma que, **no por tener dinero, nos desviemos de nuestros objetivos** y empecemos a despilfarrar. **Nunca malgastar el dinero.**

Utilizarlo siempre para una buena inversión.

Disfruta lo gratuito que
te brinda la vida

Un consejo más: **No olvidemos disfrutar de lo gratis que podemos encontrar a nuestro alrededor.** Y se preguntarán ustedes: ¿Qué es lo gratis? **Lo gratis es lo más valioso que tenemos en la vida, lo que Dios nos ha regalado:** la existencia misma, la libertad, el aire, el agua, el lugar donde nacimos, con sus flores, sus animales, la salud...

Recuerden siempre ejercitarse para estar sanos y que, en caso de enfermarse, puedan salir adelante. Cuando uno se enferma está encerrado, no puede hacer nada y depende de alguien más para desayunar, comer o cenar. **En momentos de enfermedad es cuando valoramos la salud y la libertad.**

A veces estamos muy apurados con la vida, con el trabajo, con las actividades diarias, pero **¿cuántas veces nos hemos detenido frente a esta vida, hemos inhalado y exhalado con los brazos hacia el cielo y hemos dado gracias porque tenemos la dicha de poder respirar?** ¿A cuántas personas no les faltó el oxígeno y murieron por la falta de éste?

Con la pandemia actual del COVID-19 muchos no sobrevivieron y, nosotros que seguimos vivos, no lo valoramos. Es por ello que yo te recomiendo lo siguiente:

DISFRUTA DE TUS PADRES: es una gran dicha para quienes aún tenemos a nuestros padres con vida; es la mayor bendición que podríamos tener.

179

Hay otros que no tienen a sus papás vivos y, desafortunadamente, se lamentan de no haber hecho muchas cosas con ellos: no platicaron, no jugaron y, de adultos, no los visitaron ni convivieron con ellos. Tener a los padres vivos es un tesoro invaluable.

DISFRUTA DE TUS HIJOS: juega con ellos cuando sean pequeños porque, tarde o temprano, crecerán, y los juegos ya no serán su prioridad. Cuando sean mayores, se marcharán y no pasarán tiempo juntos, lo cual generará un ciclo sin fin, en el que ni los padres ni los hijos se frecuenten.

DISFRUTA DE TUS AMIGOS: platica con ellos, ríe, comparte experiencias, apóyalos, bríndales consejos; puede que, a veces, aunque brindes tu amistad y tus consejos, ellos no los tomen en cuenta, pero tú hazlo. Tomen un café juntos y platiquen.

Fomenta las amistades verdaderas, ya que también existen los "amigos" que solamente están esperando verte caer y fracasar, pero tú te darás cuenta de quiénes son los amigos reales, aquellos que están contigo en las buenas y en las malas.

DISFRUTA DE TU SOLEDAD: mira una buena película; éstas no son tan gratuitas, pero no son caras, y pueden aportarte mucho conocimiento en la vida. Puedes aprovechar los canales de TV abiertos para ver un buen filme; también en Internet, en plataformas como YouTube, puedes encontrar películas bonitas, quizás ya antiguas, que te puedan regalar esa

181

sonrisa, esa alegría, que necesita tu espíritu. Disfruta de un buen programa de televisión si tienes la oportunidad.

Lee libros; es muy importante fomentar la cultura y el conocimiento. Dice el dicho: "Si quieres conocer realmente a una persona, pregúntale cuáles son los libros que ha leído". De igual manera, en Internet se pueden descargar cientos de libros gratuitos que te ayudarán a visualizar una perspectiva diferente de la vida y del mundo.

DISFRUTA TU CUERPO: valora que tienes dos piernas o dos brazos (y si esto no es así, tienes vida, que es lo más valioso del mundo). A veces, cuando no tenemos alguna limitante física, pensamos: "No quiero correr, porque me canso", sin embargo, muchas otras personas quisieran correr y no pueden hacerlo.

Tengo un amigo que se llama Eduardo; él tuvo un problema, padeció cáncer y, por esta razón, desafortunadamente perdió una pierna; no obstante, él es una inspiración, porque corre maratones aun sin una extremidad.

Entonces, ¿de qué estás hablando? ¿Dices que no puedes correr? ¿No te dan ganas de levantarte temprano para hacer ejercicio y salir de tu zona de confort? Analiza: **¿Qué es lo que realmente te está bloqueando? ¿Qué te limita para tomar un camino diferente en tu vida?**

Recientemente leí la obra *Mañanas milagrosas* de **Hal Elrod** en donde se brindan **cinco** *tips* **para poder despertar más temprano,**

183

pues no es necesario dormir ocho horas diarias; debes dormir las horas que tengas que hacerlo, pero realmente dormirlas y aprovecharlas. Los cinco consejos que se brindan son:

1. **Coloca tu despertador lejos de ti** porque, si lo tienes a la mano, probablemente te vas a volver a dormir. ¿Qué hacemos cuando lo tenemos cerca? Lo apagamos o lo posponemos. Decimos "cinco minutos más" y de cinco en cinco minutos pasan dos horas, nos levantamos demasiado tarde y ya no realizamos las actividades que teníamos programadas por la mañana, lo cual nos provoca estrés.

2. En cuanto te levantes, **lávate los dientes.** Es importante, desde temprano, cuidar la higiene.

3. **Toma un vaso con agua** para que el cuerpo se active.

4. **Ponte ropa deportiva.** Te explico por qué: Te despiertas y apagas el despertador. Al caminar, tu cuerpo se va a activar de inmediato; al lavarte los dientes, se va a continuar activando. En el momento en el que tomes un vaso de agua, le indicas a tu organismo que estás listo para un nuevo día y, al ponerte la ropa deportiva, le estás indicando a tu cuerpo que estás preparado para hacer ejercicio y comenzar tus actividades diarias.

5. Antes de salir de casa, **medita cinco o diez minutos.** ¿Por qué es importante la meditación? Porque en ese momento despejamos nuestra mente de todos los pensamientos que tengamos y

meditamos para nosotros mismos, hacemos una introspección.

En relación con el último punto, la meditación es algo esencial; probablemente lo sabemos, pero lo ignoramos y lo hacemos a un lado. Nos hemos vuelto esclavos de la tecnología; a todas horas estamos con el teléfono en mano, utilizando WhatsApp u otras redes sociales. En una reunión familiar o con amigos, todos están utilizando el celular y no disfrutamos de la convivencia.

Circula una imagen que dice que antes los teléfonos estaban atados y ahora nosotros estamos atados a ellos. **La tecnología no es mala, pero hay que encontrar un equilibrio,** y cuando una persona realmente encuentra ese equilibrio logra una vida plena.

DISFRUTA DE LA NATURALEZA: de los elementos naturales, del canto de las aves, de tu hogar… ¿Cuántas veces somos, como dice el dicho, luz de la calle y oscuridad de nuestra casa?

Llegamos a dormir solamente tres horas y el resto del tiempo lo pasamos en la calle.

No olvides las recomendaciones: disfruta de tu familia, de tus hijos, de una buena charla y, así, nos sentiremos las personas más plenas, más realizadas, pues tendremos en nuestras manos los tesoros más valiosos de la vida.

Reflexión final

A lo largo de este libro, compartí los aprendizajes más importantes que he obtenido en mi existencia, pero no son solamente orientados a la cuestión económica; lo que yo les quiero compartir es el **interés por el valor que debemos dar a la vida misma.**

Valoremos lo que tenemos en casa, la comida que hay en nuestra mesa, sea mucha o sea poca; las sábanas, las cobijas, que tenemos para cubrirnos del frío; o, al contrario, el ventilador o el aire acondicionado para controlar el fuerte calor.

Tengo una anécdota personal que me gustaría compartirles, ya que marcó mi existencia. Como expliqué al inicio, mi niñez, adolescencia y juventud fue precaria en el sentido económico. Cuando estaba en la preparatoria, y tenía aproximadamente 14 años, mis padres no me brindaban dinero para estudiar, puesto que no tenían esa solvencia.

Yo comía lo que encontraba; es decir, no podía escoger qué o dónde comer. Pasaban días enteros en los cuales yo no probaba alimento. Entonces, en uno de esos días, vi que dejaron en el bote de la basura un plato con residuos de comida. Me aproximé, lo saqué de la basura y me comí los residuos. Era un pedazo de taco que alguien no se terminó.

Después, me di cuenta de que había gente que no se acababa la comida, así que, si me ponía cerca de algún puesto de tacos, las personas pedían, comían y, lo que les sobraba, lo tiraban, y yo iba a recoger lo que desechaban para de alguna manera poder alimentarme.

En la escuela, me percaté de que, si les hacía la tarea a los compañeros, ellos estaban dispuestos a invitarme una torta, un refresco, unas galletas…; eso era lo que yo les cobraba. Les hacía trabajos, les pasaba las actividades, y con su pago yo podía alimentarme.

De esos compañeros hay uno al que recuerdo. Estábamos en receso y lo vi, él era el chico más rebelde del salón, el centro de atención de las mujeres.

Su papá —quien era profesor, al igual que su madre— lo llevaba en automóvil a la escuela; detentaban una buena posición económica.

Se encontraba con un grupo de amigos; él tenía dos tortas, se comió una, mordió la segunda… Me miró y me dijo: *«Pollo —ése era mi apodo—, ¿la quieres?».* Yo le dije que sí. Entonces, escupió lo que había mordido y me la dio; todos se empezaron a reír, pero yo no había comido el día anterior, así que ignoré las burlas y la ingerí.

Esa situación no me hizo odiarlo, ni detestar o renegarle a la vida, ni siquiera a Dios. Jamás le cuestioné: ¿Por qué me haces esto a mí? ¿Por qué debo pasar por estas acciones?

Tiempo después seguimos en contacto —aún lo sigo viendo, y lo considero un amigo—; lo invité a mi casa e incluso abrí uno de mis mejores vinos para tomarlo juntos.

La situación que viví en la escuela la tomé como una enseñanza, como una de mis fortalezas, en donde me prometí a mí mismo y a la vida que nunca me encontraría en esa posición, que nadie me iba a humillar nuevamente.

Ese hecho, aunque marcó mi vida, me hizo valorarla, y también valorarme personalmente; a ser agradecido con lo que tengo a mi alrededor.

También **los invito a ustedes a ser agradecidos con la vida. Ya poseen lo más valioso: la existencia, el placer de estar aquí.**

Lo demás: los negocios, el dinero, los emprendimientos, son elementos que nos permiten complementar a la existencia, pero que nunca deben quedar en el primer lugar de nuestros objetivos.

194

Implementa tu estrategia

Espero que al terminar de leer *¿Cómo Empezar Un Negocio Desde Cero?* te des el tiempo para implementar las estrategias que he compartido contigo. Hay mucha información en estas páginas, así que no tienes que hacer todo de un solo golpe.

Si en verdad quieres ver resultados, necesitas enfocarte al 100%. Este es el momento en el cual necesitas comprometerte contigo mismo para iniciar y no desviarte del objetivo. Define desde hoy el firme compromiso que te hará rechazar esas "oportunidades luminosas" que seguramente te saldrán en el camino. Desde el momento que cierres este libro, tienes que estar ya con el compromiso interno y definitivo de establecer ese negocio que tanto deseas.

Aléjate de las personas que no están alineadas con tu visión. Busca y encuentra mentores que te motiven a caminar en la dirección correcta. Enfócate, enfócate, enfócate.

Cuando observo las actividades en las que una persona emplea su tiempo, puedo darme cuenta exactamente de lo que busca su corazón (e incluso descubrir si va a llegar a encontrarlo).

Todo lo que realmente deseamos obtener, es necesario darle tiempo y esfuerzo para poderlo alcanzar. Prográmate por lo menos tres meses para empezar a ver resultados en tu emprendimiento.

Las ganancias grandes no aparecen como por arte de magia de la noche a la mañana, sin embargo, puedes empezar a cosechar buenos frutos cuando te esfuerzas todos los días. Te sugiero programar e implementar tu estrategia de aquí a un año y espero saber de ti cuando hayas alcanzado tu objetivo.

¿Quieres explorar más opciones y continuar esta conversación?

Puedo ir a tu ciudad a impartir:

- una conferencia de negocios
- un entrenamiento a tu equipo de trabajo
- recibir asesoría uno a uno

Puedes contactarme en cualquiera de las siguientes opciones:

WhatsApp: +52 (971) 125-5186

Email: gasj2011@gmail.com

¡Felicidades por terminar este libro!
200

Te doy la bienvenida al exclusivo grupo de las personas con mentalidad empresarial.

Solo te falta ACTUAR…

¡Hoy!

Acerca del autor

Jairo García, es un exitoso empresario, con una plantilla de más de 300 colaboradores a nivel nacional. Es el creador de TI Clean, VitaLimp, TI-FIT, entre otros negocios personales que brindan empleo a diversas familias mexicanas, el cual es uno de los objetivos prioritarios del autor.

Además, es director de negocios desde el año 2007 y creador de tres marcas registradas. Cuenta con varias licenciaturas, maestrías y doctorados en su haber, mostrando amplias capacidades de liderazgo y negociación. Desde el 2005 se ha especializado en tecnologías de información, profesión que le apasiona.

García vive en Oaxaca, México, y le gusta correr maratones, leer mucho y tomar café con sus amigos.

¡GRACIAS POR LEER! ESPERAMOS QUE HAYAS DISFRUTADO DE ESTE LIBRO

El autor lee cada comentario publicado en su página de Amazon.

Te agradeceríamos que compartieras tu opinión acerca de esta obra, pues así ayudarás a otros lectores a tomar sus propias decisiones para invertir su propio tiempo y recursos en este contenido.

Dos cosas antes de que dejes tu comentario:

Primero, pedimos solo comentarios francos, que reflejen el verdadero impacto que este libro causó en ti.

Segundo, que estos comentarios sean prácticos con la intención de ayudar a otros a tomar sus propias decisiones.

Así que, si has disfrutado este libro y quieres notificar al autor, así como a sus futuros lectores acerca de tus impresiones, puedes dejar tu comentario y tus estrellas yendo en este momento a la página de este libro en Amazon.

Únicamente busca el nombre del autor o el nombre de este libro.

De igual forma, si tienes alguna crítica constructiva o deseas reportar algún error, puedes enviar un email al autor a:

gasj2011@gmail.com

Con gratitud,

Editorial Misión

NOTAS

NOTAS

NOTAS

NOTAS

www.ingramcontent.com/pod-product-compliance
Lightning Source LLC
LaVergne TN
LVHW052022080426
835513LV00018B/2109